ORIGINAL EN COULEUR
NF Z 43-120-8

THÉÂTRE DU JEUNE AGE

3ᵉ SÉRIE

Comédies Enfantines
ET
Saynètes

PAR

Mᵐᵉ BELLIER (Marie KLECKER)

ILLUSTRATIONS DE MARCEL DE FONRÉMIS

DEUXIÈME ÉDITION

PARIS
PAUL OLLENDORFF, ÉDITEUR
28 bis, RUE DE RICHELIEU, 28 bis
1895
Tous droits réservés

LIBRAIRIE PAUL OLLENDORFF
28 bis, Rue de Richelieu, Paris

L'Art de dire le Monologue, par COQUELIN aîné et COQUELIN cadet, *de la Comédie-Française*. 1 volume gr. in-18 . . . . 3 fr. 50

La Prononciation Française et la Diction, à l'usage des écoles, des gens du monde et des étrangers, par ALFRED CAUVET. 1 vol. in-18 . . . . 2 fr. 50

L'Art de bien dire, par H. DUPONT-VERNON, *de la Comédie-Française*. 1 vol. in-18 . . . . 3 fr.

La Diction et l'Eloquence, par ALPHONSE SCHELER. 1 vol. in-18 . . . . 1 fr. »

Disons des Monologues, par PAUL LHEUREUX. 1 vol. in-18 . . . . 3 fr. 50

Monologues Comiques et Dramatiques, par E. GRESET-DANCOURT. 1 vol. gr. in-18 . . . . 3 fr. 50

Déclamation. Ecole du mécanisme, par PAUL GRAVOLLET, *de la Comédie-Française*. 1 vol. in-18 . . . 2 fr.

Devant la Cheminée, par JULIEN BERR DE TURIQUE. 1 vol. in-18 . . . . 2 fr. 50

Théâtre à la Ville, comédies de cercles et de salons, par E. CEILLIER. 1 vol. in-18 . . . . 3 fr. 50

Théâtre de campagne, par E. LEGOUVÉ, E. LABICHE, H. MEILHAC, E. GONDINET etc., etc. Ont paru les séries 1 à 8. Chaque série forme un vol. in-18 jésus. 3 fr. 50

Pour quand on est deux, par COLLAS. 1 vol. gr. in-18 . . . . 3 fr. 50

Théâtre d'Adolescents, par A. CARCASSONNE. 1 vol. gr. in-18 . . . . 3 fr. 50

Théâtre de Jeunes Filles, par A. CARCASSONNE. 1 vol. gr. in-18 . . . . 3 fr. 50

Société anonyme de l'Imprimerie Kugelmann, (G. Balitout, dir.), 12, rue de la Grange-Batelière, Paris.

THÉATRE DU JEUNE AGE

Comédies Enfantines et Saynètes

DEUXIÈME SÉRIE

Le succès obtenu par le premier volume du *Théâtre du Jeune Age*, qui en est à sa 4ᵉ édition, nous engage à publier le second, assuré d'avance du bon accueil que lui feront les familles et les enfants.

Ces deux volumes sont le commencement d'une série qui formera un ouvrage complet destiné à prendre place dans toutes les bibliothèques d'éducation.

Note de l'Editeur.

THÉATRE DU JEUNE AGE

Comédies Enfantines et Saynètes

PAR

Mme BELLIER (Marie KLECKER)

ILLUSTRATIONS DE MARCEL DE FONRÉMIS

DEUXIÈME SÉRIE

PARIS
PAUL OLLENDORFF, ÉDITEUR
28 *bis*, RUE DE RICHELIEU, 28 *bis*
1895

Tous droits de traduction et de reproduction réservés pour tous les pays,
y compris la Suède et la Norvège.

PRÉFACE

AUX ENFANTS

CHERS PETITS AMIS,

Après l'apparition de mon premier volume, j'ai reçu plusieurs lettres d'enfants me disant tout le plaisir qu'ils avaient eu à remplir des rôles dans ces pièces écrites pour eux.

J'ai compris par cette correspondance naïve et charmante que mes jeunes interprètes, pleins d'ardeur, ne rêvaient que répertoire nouveau, qu'après eux, les petits frères, les petites sœurs voudraient aussi affronter les émotions de la scène sur le théâtre improvisé en famille.

Je vous invite donc, en vous transformant tantôt en vaillant petit Mousse, en Chinois philosophe, en Saint-Nicolas bienveillant et paternel, en page Louis XV, galant et généreux, en Enfant prodigue qui se repent, en Fermier savoyard, ou en Dame russe riche et charitable, en Cigale légère, en Fourmi égoïste, en jeune Tyrolienne active et travailleuse, en Anglaise originale, etc., etc., je vous invite tous, dis-je, à méditer le caractère des personnages dont vous prendrez le nom et le costume, et si au fond de votre cœur, il reste, comme je l'espère, un souvenir de la pièce jouée, je me sentirai fière d'avoir écrit ces pages.

MARIE BELLIER-KLECKER.

Paris, 6 mai 1893.

LES SURPRISES DE NOËL

COMÉDIE EN 3 ACTES

PERSONNAGES

LE SABOTIER, 12 ans.
ANNA, 8 ans, fille du Sabotier.
FRANTZ, 9 ans, fils du Sabotier.
Mme DE SOUWAROFF, 12 ans.
IVAN, son fils, 7 ans.
NATHALIE, sa fille, 6 ans, famille russe.
NICOLAS, domestique russe, 9 ans.
Un bébé, représenté par une poupée.

LES SURPRISES DE NOEL

PREMIER ACTE

La scène représente l'intérieur d'une pauvre cabane. Le Sabotier, en bas de laine, sabots, veste ronde, casquette de loutre. Anna en robe foncée, tablier, petit béguin noir. Frantz, même costume que son père. Un modeste berceau d'osier dans lequel le bébé sera couché. Mme de Souwaroff et ses enfants, avec longs manteaux garnis de fourrure, toques garnies de fourrure, manchons pour la mère et la petite fille. Nicolas, costume flottant, serré par une ceinture de cuir, pantalon large et bottes, bonnet fourré.

SCÈNE PREMIÈRE

LE SABOTIER, ANNA, FRANTZ, LE BÉBÉ.

Le Sabotier (tenant un sabot auquel il travaille).

Frantz, passe-moi donc le cuir, que je taille mes lanières. C'est pourtant toi qui devrais faire cette besogne-là! Au lieu de cela tu perds ton temps à fabriquer un tas de bonshommes en bois qui ne signifient rien du tout, tandis que les sabots, c'est utile, ça sert à marcher, et puis... ça se vend!...

FRANTZ (tenant une petite statuette de bois entre les mains et un canif).

Oh! père, ça rapporte si peu de chose!... Vous-même, vous dites souvent qu'il faut tant vous fatiguer pour gagner quelques sous!... Si mes statuettes se vendaient, j'arriverais peut-être à gagner beaucoup d'argent, alors, nous serions tous bien heureux; j'achèterais une pelisse à Anna... un costume au petit frère...

LE SABOTIER.

Je sais, mon garçon, que tu es un bon fils et que tu aimes ta famille; mais, vois-tu, c'est égal, dans notre pauvre village, tu ne trouveras jamais personne pour acheter tes statuettes! Crois-moi, reste sabotier, tu auras du pain, tandis qu'artiste, tu risques de mourir de faim!

ANNA.

Mais, père, peut-être que le travail de Frantz pourra être connu plus loin que ce village! L'autre jour, M. le Curé, à qui mon frère montrait le petit chasseur qu'il a fait avec son fusil et son chien, lui a dit, je l'ai entendu : « Mais tu as un vrai talent, mon ami! Sais-tu que c'est merveilleux, ce que tu as fait là! »

Le Sabotier.

Enfin, moi, je ne suis qu'un pauvre homme, et je ne vois guère, comme on dit, plus loin que le bout de mon nez. Je ne demande pas mieux que tu réussisses, mon garçon. Aussi bien, depuis que ma chère femme est partie, en me laissant seul avec trois orphelins, on dirait que rien ne me réussit. Cependant j'ai besoin de trouver un peu d'argent. Quand je pense que j'ai à élever un enfant qui ne marche pas encore!... Mais, qu'est-ce que j'entends? (Il prête l'oreille.) Quels sont ces cris? On appelle au secours. Frantz, allume la lanterne et suis-moi, nous allons voir ce qui se passe.

Anna.

Oh! vous allez sortir au milieu de cette nuit sombre! Et s'il vous arrivait malheur! Restez, je vous en prie?

Le Sabotier.

Ne crains rien, ma fille. Pour toi, ta place est auprès du petit Antonin qui dort. Quelqu'un a crié au secours, un voyageur égaré, peut-être, ou à qui il est arrivé un accident, il faut lui venir en aide. N'aie pas peur, nous reviendrons bientôt, suis-moi, Frantz. (Il sort, suivi de Frantz qui tient la lanterne allumée.)

SCÈNE II

ANNA, L'ENFANT

Anna (qui travaillait à un vêtement, le dépose pour aller vers le berceau. Elle regarde, en entr'ouvrant les rideaux, et se met à bercer l'enfant).

Les rideaux remuent! Tout ce bruit a réveillé le petit Antonin. (Elle le berce.) Dors, mon chéri, dors. Elle continue à le bercer.) Pauvre petit! Je ne suis pas maman, moi! Ah! comme tout a changé ici, depuis qu'elle n'y est plus! Nous n'étions pas plus riches qu'à présent, mais nous étions bien plus heureux. Rien que de la voir sourire, nous rendait gais. Et puis, elle savait si bien ce qu'il fallait à chacun! Je me souviens l'avoir vue veiller, bien tard, pour raccommoder nos vêtements du lendemain! Depuis mon petit lit je la regardais, elle était toute pâle, la tête penchée sur son ouvrage! Elle s'est trop fatiguée, le médecin l'a dit, c'est ce qui l'a tuée. (Elle s'arrête un instant pensive.) Comme elle nous préparait une belle fête, tous les ans, à Noël! Chacun avait son petit présent. Cette année, quand Noël va venir, le père et Frantz seront bien tristes... Mais, je suis inquiète, ils ne rentrent pas!... Voilà Antonin éveillé, maintenant! Allons, je vais le prendre sur mes genoux et je chanterai pour l'endormir. (Elle chante.)

(*Air connu.*)

Dodo,
L'enfant do,
L'enfant dormira tantôt ;
Fais dodo,
Colin, mon p'tit frère,
Fais dodo,
T'auras du lolo.
Dodo, etc., etc. (Elle s'arrête.)

Ah! j'entends des pas, le père et Frantz reviennent!... (Elle se lève.)

SCÈNE III

LES MÊMES, LE SABOTIER, Mme DE SOUWAROFF, IVAN, NATHALIE, NICOLAS

LE SABOTIER (ouvrant la porte et introduisant les étrangers).

Entrez, madame, dans notre pauvre cabane. Voici ma fille et mon dernier né. Le petit s'est donc réveillé, Anna?

ANNA.

Oui, mais il vient de se rendormir, je vais le poser dans son berceau.

LE SABOTIER.

C'est cela, puis, tu mettras, sur la table, toutes nos provisions. Madame est forcée de s'arrêter ici, pendant qu'on raccommode la roue de sa voiture qui vient de verser. Frantz est allé jusqu'au village réveiller le maréchal-ferrant.

ANNA.

Oh! mon Dieu! c'est pourquoi nous avions entendu crier! Il n'y a personne de blessé?

Mme DE SOUWAROFF.

Non, mon enfant, grâce à Dieu! Mais sans l'arrivée de votre père et de votre frère, nous aurions été bien embarrassés, car, nos lanternes s'étaient brisées et les lumières éteintes. La nuit est si froide! Vraiment, je ne sais ce que nous allions devenir. (Regardant l'enfant.) C'est votre petit frère? Laissez-le moi regarder? Le bel enfant! C'est vous qui remplacez sa mère. Pauvre petite! Et vous n'avez guère que l'âge de mon fils! (Se tournant vers le père.) Vous avez là de charmants enfants!

LE SABOTIER (ému).

Oui, ce sont de bons enfants! Ma fille, allons, le plus pressé, c'est de raviver le feu. Jette un bon fagot que ça flambe, ces enfants ont l'air d'avoir froid.

Mme DE SOUWAROFF.

Nicolas va vous aider, ma petite. Nicolas? (Elle cherche.)

IVAN.

Mais, maman, il est parti avec le petit garçon pour faire raccommoder la voiture.

Mme DE SOUWAROFF.

Ah! c'est juste! (Elle s'assied devant le feu.) Cela fait du bien, approche-toi, Nathalie.

NATHALIE.

Je suis déjà réchauffée! (Bas à sa mère.) Voyez, maman, comme c'est pauvre ici. Comme ils doivent être malheureux!

LE SABOTIER (aidant sa fille à disposer sur la table des assiettes, des tasses grossières, du pain, du fromage, des pommes sèches, un pot de lait).

Prenez quelque chose, Madame, mon petit monsieur, ma petite demoiselle. La nuit sera bien avancée, quand vous pourrez arriver à la première ville qui se trouve sur votre route, et, comme vous n'avez pas soupé, je vous offre, de bon cœur, le peu que nous avons... mais c'est bien peu!...

Mme DE SOUWAROFF.

Merci, j'accepte et je n'oublierai pas votre généreuse hospitalité. (Elle s'approche de la table et sert ses enfants ainsi qu'elle-même.)

ANNA (versant le lait dans les tasses).

Il est chaud, madame, cela vous fera du bien.

Mme DE SOUWAROFF.

Aimable enfant! (Se tournant vers le sabotier.) Vous

faites des sabots, je crois? Gagnez-vous bien votre vie?

Le Sabotier.

Oh! difficilement, madame. Les temps sont durs. Il faut vendre à si bas prix. Quand j'avais ma femme, elle travaillait aussi, elle était très habile à confectionner des bonnets de laine, et, tout en soignant les enfants et le ménage, la chère âme trouvait moyen de gagner de vingt à vint-cinq sous par jour. Depuis que nous l'avons perdue, les enfants grandissent, moi, je suis moins fort... Enfin, que Dieu nous protège!... Je n'ai pas besoin de vous ennuyer en vous contant nos misères.

Ivan (depuis un instant très attentif à regarder une statuette fabriquée par Frantz).

Oh! maman, regardez donc ceci? Que c'est bien fait! Que c'est joli!

Nathalie (s'approchant).

Tiens, c'est un chasseur avec un chien!

Mme de Souwaroff.

Qui donc a fabriqué cela? C'est vous?

Le Sabotier.

Non, madame, c'est mon fils!

Mme de Souwaroff.

Comment, le petit garçon qui portait la lanterne!

(Examinant l'objet.) Mais, c'est que cela est beaucoup mieux fait que tout ce qu'on voit dans nos villes chez les marchands d'objets sculptés! Vraiment, il est né artiste, votre enfant!

Le Sabotier (hochant la tête).

Oh! j'ai peur qu'il n'ait déjà trop ces idées-là dans la tête et que ça ne le mène à rien. Tous les jours, je lui répète de se mettre aux sabots comme moi!

Mme de Souwaroff (souriant).

Et il ne veut pas?...

Le Sabotier.

Ah! c'est un brave enfant, il fait ce qu'il peut, mais c'est plus fort que lui, il prend un sabot, puis, au bout d'un instant, le sabot est remplacé par la statuette.

Mme de Souwaroff.

Je comprends cela!

SCÈNE V

LES MÊMES, NICOLAS, FRANTZ

Nicolas.

Madame, la voiture est réparée. Elle vous attend à la porte.

Mme de Souwaroff.

Bien. (A Frantz.) Nous admirions votre travail, mon ami, c'est fort joli!

FRANTZ (rougissant et tournant son bonnet dans ses doigts).

Oh! madame, puisque ça vous plaît, que je serais content si vous vouliez l'emporter!

Mme DE SOUWAROFF.

Je veux bien, mais c'est à une condition, c'est que vous me permettrez de vous laisser ceci. (Elle dépose une bourse bien garnie.)

LE SABOTIER (faisant le geste de refuser).

C'est trop, madame, pour un si léger service.

Mme DE SOUWAROFF.

Prenez, cela vous permettra de fêter dignement Noël qui va venir. Adieu, j'espère, braves et dignes gens, que nous nous reverrons encore.

LE SABOTIER ET SES ENFANTS (saluant avec respect).

Adieu, madame, merci! (Mme DE Souwaroff et ses enfants sortent).

FRANTZ.

Oh! voyez, la fortune arrive!...

ANNA.

Frantz, quand le père sera couché, je te ferai part d'une idée qui me vient! Mais tu n'en parleras pas, c'est un secret.

(La toile se baisse.)

FIN DU PREMIER ACTE

DEUXIÈME ACTE

La scène représente un salon confortablement meublé. Cheminée, fauteuils. De chaque côté de la cheminée, un écusson, armoiries russes. Une table ronde au milieu de laquelle sera dressé un beau sapin aux branches garnies de bougies et de divers objets. Mme de Souwaroff, en élégante toilette d'intérieur, sera occupée aux derniers arrangements.

SCÈNE PREMIÈRE.

Mme DE SOUWAROFF, puis, NICOLAS.

Mme DE SOUWAROFF.

Vraiment, c'est un charmant usage que celui de ces arbres de Noël. Depuis que ma sœur l'a innovée, chez nous, l'an dernier, en arrivant d'Angleterre, les enfants m'ont fait promettre de leur continuer, tous les ans, cette petite fête. Je me garderais bien d'y manquer. (Elle s'éloigne et contemple son œuvre.) Je crois que tout est en place, il n'y a plus qu'à allumer les bougies, mais c'est l'affaire de Nicolas. Je l'entends, justement, qui monte l'escalier de service.

(On frappe à la porte.)

Entrez !

NICOLAS.

Madame, attendait-elle un paquet ce soir ?

Mme DE SOUWAROFF.

Rien. J'ai reçu du magasin de jouets de Saint-Pétersbourg tout ce que j'avais commandé.

NICOLAS.

Pourtant, le courrier vient de s'arrêter à la porte d'entrée du petit parc et m'a remis un paquet en disant que c'était pour Madame, mais qu'il n'en était pas très sûr, parce que l'adresse est drôlement mise. Il me l'a laissé pour le montrer à Madame, il repassera demain matin en s'en retournant.

Mme DE SOUWAROFF.

Voyons ce paquet? (Elle le prend des mains de Nicolas et l'examine.) Tiens, quelle grosse écriture! Mais c'est adressé aux enfants!... *Monsieur Ivan, Mademoiselle Nathalie,* le reste est illisible. Qu'est-ce que cela peut être? C'est une surprise pour moi aussi. Je veux leur laisser le plaisir d'ouvrir le paquet eux-mêmes. Nicolas, allumez les bougies et vous irez prévenir M. Ivan et Mlle Nathalie que je les attends. (Nicolas, à l'aide d'un long bâton surmonté d'un rat-de-cave, allume les bougies.)

NICOLAS (à part).

Madame n'est pas curieuse!... Moi, j'aurais ouvert le paquet tout de suite. (Levant les yeux.) Par saint Nicolas, patron de toutes les Russies, y en a-t-il des bougies à cet arbre! La drôle d'idée aussi d'arranger un sapin comme celui-là! Je n'ai jamais vu ça, moi! C'est une idée d'Angleterre, il paraît!...

Mme DE SOUWAROFF (se retournant).

Eh bien! qu'est-ce que tu fais donc? Tu parles tout seul, je crois? les bougies ne sont pas encore allumées?

NICOLAS.

Si, si, j'ai fini... Que Madame me pardonne, je faisais tout bas mes petites réflexions... Je cours chercher M. Ivan et Mlle Nathalie. (Il sort.)

SCÈNE II

Mme DE SOUWAROFF

Mme DE SOUWAROFF (examinant de nouveau le paquet).

C'est singulier, en examinant le timbre qui est sur cette adresse, il me semble reconnaître le nom de la petite ville où nous sommes allés coucher après l'accident de notre voiture, il y a trois semaines. Je ne puis me rappeler cette soirée sans émotion. Je revois la cabane de ce pauvre sabotier et de ses enfants. Quelle intéressante famille! Oh! mais, si c'était?... Non, ce n'est pas possible! Ah! j'entends la voix de Nathalie. Nous allons savoir à quoi nous en tenir.

SCÈNE III

Mme DE SOUWAROFF, IVAN, NATHALIE

IVAN ET NATHALIE (*s'arrêtant sur le seuil de la porte et paraissant en admiration*).

Que c'est joli!

NATHALIE.

Le bel arbre!

IVAN.

Et toutes ces lumières!

NATHALIE.

Maman, vous nous l'aviez promis! (Elle l'embrasse.) Que vous êtes bonne! (Riant.) Est-ce qu'on peut y toucher?

Mme DE SOUWAROFF.

Certainement, mais regardez et admirez d'abord; lorsqu'on aura éteint les lumières, Ivan pourra monter sur la table pour décrocher lui-même les petits cadeaux que l'arbre de Noël vous offre sur ses branches.

IVAN (*tournant autour de l'arbre*).

Nathalie, regarde donc, un sabre, un joli sabre, juste comme celui que je voulais! Oh! qu'est-ce que je vois de rouge? (Frappant des mains.) Un *vrai* uni-

forme d'officier comme celui de mon oncle le général!
(Il se jette au cou de sa mère.) Oh! maman, merci!

NATHALIE (examinant les objets suspendus).

Une robe, un chapeau, des souliers, une petite ombrelle! Que c'est donc joli! Tout cela ira très bien à ma poupée! On dirait qu'on lui a pris mesure. (Prenant les mains de sa mère.) Maman, vous devinez donc tout ce que nous désirons?

Mme DE SOUWAROFF (souriant).

Chers petits, il n'est pas difficile à une mère de lire dans le cœur de ses enfants. Aussi, je crois que lorsqu'il s'agit de garnir, au ciel, ces beaux arbres de Noël destinés aux enfants, les mères sont toujours consultées. Pourtant, il y a ici une surprise qui vient de vous arriver et à laquelle je suis tout à fait étrangère. Approchez-vous tous les deux. (Elle prend le paquet.) Ce paquet vous est adressé, mes enfants. J'ignore ce que cela peut être. Nous allons l'ouvrir ensemble.

NATHALIE (très intriguée).

Vite, coupez les ficelles avec ce petit couteau, que je viens de trouver dans la boîte de ménage qui était là, sur l'arbre. C'était bien pour moi, ce ménage, n'est-ce pas, maman?

IVAN (arrachant un morceau de papier).

Ah! j'aperçois quelque chose en bois!

Mme DE SOUWAROFF.

Il y a une caisse, mais le couvercle glisse et s'enlève. (Elle découvre l'objet.) Oh! mes enfants, quel joli travail! C'est la crèche de l'Enfant-Jésus, avec Saint Joseph, la Sainte Vierge. Il y a quelque chose d'écrit : *A nos chers bienfaiteurs!* Plus de doute, c'est le petit garçon du sabotier qui vous envoie cela!

NATHALIE.

Pourtant maman, nous n'avions pas fait grand'chose pour ces pauvres gens !

Mme DE SOUWAROFF.

Tu as raison, mon enfant. Qu'est-ce qu'un peu d'argent que je leur ai laissé, à côté de leur hospitalité offerte de si grand cœur, à côté surtout de ces jolis produits du travail et du talent de ce jeune garçon vraiment remarquable! Voilà deux fois qu'il nous donne ce qu'il a de plus beau dans ses petits chefs-d'œuvre, il faut absolument que nous l'aidions à arriver à quelque chose. Il y a, chez lui, l'étoffe d'un grand artiste. (Réfléchissant.) C'est dommage que ces braves gens habitent si loin de nous, sans quoi...

IVAN.

Sans quoi? Dites vite, maman, qu'est-ce que vous voulez faire?

Mme DE SOUWAROFF.

Vous le saurez, mes enfants. J'ai un projet qui assurerait peut-être le bonheur de nos intéressants protégés, mais cela ne pourrait avoir lieu que plus tard, il faut que je consulte votre père et que j'attende son retour d'Asie.

NATHALIE.

Est-ce que son grand voyage ne sera pas bientôt fini, maman?

Mme DE SOUWAROFF.

Dans quelques mois, il aura terminé sa mission. Quand il sera ici, nous lui raconterons notre accident et la visite à la cabane du sabotier. Si mon projet lui convient, je vous prédis, dès aujourd'hui, que vous aurez, à votre tour, une belle surprise de Noël à faire au sabotier et à ses enfants.

NATHALIE.

Oh! maman que nous serons contents! Mais que ce sera long d'ici à la prochaine fête de Noël! Et pendant toute une année, ils vont penser que nous les oublions, alors!

Mme DE SOUWAROFF.

Sois tranquille, je vais leur écrire, les remercier d'abord et puis leur faire comprendre que je m'occupe d'eux. Il serait temps d'éteindre les bougies maintenant. Sonne, Ivan, pour faire monter Nicolas.

IVAN (allant toucher un timbre).

Maman, où mettrons-nous la petite crèche?

Mme DE SOUWAROFF.

Dans mon oratoire, mes enfants; chaque fois que nous ferons notre prière, ensemble, elle nous rappellera une bonne action commencée et que nous devons continuer.

NATHALIE.

Maman, c'est drôle, cette petite crèche en bois me fait plus de plaisir que toutes les belles choses qui sont sur l'arbre de Noël.

Mme DE SOUWAROFF.

Ma chère fille, j'en suis bien aise, car, toutes ces belles choses, on peut se les procurer avec de l'argent, tandis que ce travail, qui a coûté bien des veilles, des efforts, de la patience à celui qui l'a fait, a un mérite inappréciable, et il est le don de la reconnaissance.

SCÈNE IV

LES MÊMES, NICOLAS.

NICOLAS (portant à la main un grand éteignoir).

Madame a sonné?

Mme DE SOUWAROFF.

Oui, éteignez les bougies! Ivan, tu pourras te faire aider par Nicolas pour descendre tout ce qui est à l'arbre. Amuse-toi avec la sœur, je vais écrire à ces braves sabotiers. Nicolas, éteignez donc! Qu'attendez vous?

NICOLAS (rêveur).

Les bougies! Ah, oui! Que Madame me pardonne, j'étais distrait! (Il commence à éteindre. Les enfants examinent les objets sur la table et lèvent les yeux pour le voir faire. Mme de Souwaroff fait mine de sortir et se retourne sur la porte. A part.) Les sabotiers! Tiens!... (Il se frappe le front.) Le paquet?... Il venait de chez eux!... C'est cela! J'en avais le pressentiment... Ah! Saint Nicolas, patron de toutes les Russies! C'est quelque chose que d'avoir de l'esprit!

Mme DE SOUWAROFF.

Eh bien! Nicolas! Qu'est-ce que vous marmottez toujours? Dépêchez-vous!

NICOLAS (éteignant la dernière bougie).

Voilà la dernière!

(*La toile se baisse.*)

FIN DU DEUXIÈME ACTE

TROISIÈME ACTE

On se retrouve de nouveau dans la cabane du sabotier. Le petit enfant, Antonin, qui a un an de plus, joue, assis par terre avec une poupée grossière qu'il couche dans un sabot. Pour le rôle d'Antonin, on pourra faire figurer un enfant de deux ou trois ans. Le père s'est endormi au coin de la cheminée. Anna entre sur la scène en portant une grosse bûche.

SCÈNE PREMIÈRE

LE SABOTIER, ANNA, LE PETIT ANTONIN.

ANNA (posant la bûche dans le foyer).

J'avais bien peur de ne plus rien trouver en bas. Nous n'avons pu renouveler la provision de bois, cette année, et voici notre dernière bûche. Je ne sais trop si nous verrons du feu, à l'âtre, les autres jours, mais, au moins, cette nuit, la nuit de Noël, la bûche brûlera en l'honneur de la fête. (Regardant son père dormir.) Pauvre père, il dort! Il est si fatigué! Lui, qui avait l'habitude de se coucher de bonne heure, il veille si souvent maintenant pour essayer de gagner davantage. Mais, à quoi cela sert-il, tout se vend à si bas prix! (Elle va à l'armoire et prend des effets de son père et de ses frères qu'elle examine.) On donne de la besogne, mais on ne la paie pas. On lui commande des sabots, par douzaines, tantôt pour une foire, tantôt pour une école, mais c'est une pitié de voir ce qui est donné pour payer le travail d'un homme!... Pauvre père. Je comprends qu'il soit triste et découragé!... (Elle va auprès de l'enfant et l'embrasse.) Berce ta poupée, mon chéri! Là, vois-tu, comme ça! (Elle le regarde attendrie.) Il m'appelle quelquefois maman! (Pensive.) Oh! si elle nous voyait, notre pauvre mère!... (Elle vient aux vêtements.) Tout cela est bien usé! Enfin, pour cette fête de Noël, nous n'aurons pas d'habits neufs, il ne faut pas y songer. (Le sabotier fait tomber les pincettes.) Ah! le père se réveille. (Elle va auprès de lui.) Vous avez dormi, papa?

LE SABOTIER.

Je crois que oui, un instant. Je ne sais ce que j'ai? Je ferais mieux de travailler pourtant! Ton frère n'est pas rentré? Pourquoi reste-t-il si longtemps?

ANNA.

Vous savez bien, père, qu'il est allé chez le marchand en gros à qui vous avez livré des sabots, dernièrement.

LE SABOTIER (brusquement).

Qu'est-il allé faire chez lui? Celui-là ne me doit rien. Il paie très mal, très peu, mais il ne laisse rien en arrière. Pourquoi Frantz est-il allé chez ce marchand sans m'avertir? Ce garçon n'en fait qu'à sa tête! (Plus fort.) Est-ce que je ne suis plus le maître ici!

ANNA (à part, tristement).

Comme le chagrin le rend irritable! (Haut.) Oh! papa, vous savez bien que Frantz est toujours respectueux et soumis. Il est allé au bourg pour savoir si l'on voudrait nous faire une petite avance, parce que, j'aurais besoin d'un peu d'argent aujourd'hui!...

LE SABOTIER (en colère).

Une avance! De l'argent! Quand on n'en a pas, on s'en passe!... Emprunter, moi! Jamais. Dans quelques jours d'ailleurs, on doit me régler quelque chose! Il fallait attendre!...

ANNA (timidement).

Mais, papa, c'est que c'est demain Noël, et, ce soir, j'aurais bien voulu avoir quelques petites choses!...

LE SABOTIER.

Il n'y a plus de fêtes quand on est malheureux comme nous. Ah! si ce n'était à cause de vous, pauvres enfants, il y a longtemps que je...

ANNA (l'arrêtant).

Oh! père, calmez-vous! Ne désespérez pas! Voyez le pauvre petit, comme il vous regarde; il a l'air effrayé! (Elle va prendre Antonin.) Embrasse papa bien fort! Là! Et sur l'autre joue!

Le Sabotier (il pose l'enfant sur ses genoux).

(A part.) Non, je ne me reconnais plus! (Il s'essuie les yeux.) Ma petite Anna, ma bonne fille! (Il l'embrasse.)

Anna.

Mon père chéri, ne vous laissez pas abattre. Vous verrez, nous ne serons pas toujours malheureux. (D'un ton enjoué.) Eh! mais, vous ne songez plus à la lettre que nous avons reçue de la belle dame qui s'était arrêtée ici? Elle nous promettait de ne pas nous oublier et elle nous remerciait encore, avec tant de bonté, du petit service que nous lui avons rendu!

Le Sabotier.

Oui, c'est vrai, pourtant, comment veux-tu qu'elle pense encore à nous maintenant? D'ailleurs, elle s'était montrée très généreuse, à notre égard, en nous disant adieu. C'est ton imagination qui te fait croire qu'il y a quelque chose à attendre de ce côté-là. Ton frère et toi, vous avez été flattés de l'admiration qu'elle a montrée en voyant les ouvrages sculptés de Frantz. Moi, j'en suis pour ce que j'ai toujours prédit, le pauvre garçon restera avec ses rêves creux, comme tant d'autres.

Anna (reprenant l'enfant qu'elle assied, à table, devant une assiette de soupe).

(A part, elle revient sur le devant de la scène.) Cela n'empêche pas que, Frantz et moi, nous avons notre petit secret. Je suis bien sûre que la jolie crèche que mon frère a envoyée, chez la dame, à Noël dernier, a dû faire plaisir. Il y a un mot dans la lettre, qu'on nous a adressée, qui me fait croire qu'on pense encore à nous. (Haut à son père.) Je ne sais pourquoi, mais, ce soir, malgré que tout soit bien triste autour de nous, papa, j'ai quelque chose de gai au fond du cœur. Oui, c'est comme une voix joyeuse, comme si c'était la voix de maman qui me dit, du haut du ciel : « Espère, espère! » (Elle fait manger la soupe à l'enfant.)

LE SABOTIER.

Allons, Dieu t'entende, mon enfant!

SCÈNE II

LES MÊMES, FRANTZ

FRANTZ (avec une cape et une casquette de loutre. Il est couvert de neige. On simulera la neige avec de petits papiers découpés. Il tient à la main une grande enveloppe).

(Joyeusement.) Père! Sœurette! Regardez!... J'apporte un message!

ANNA (émue).

Oh! si c'était ce que j'espère depuis si longtemps!

LE SABOTIER.

D'où vient cette lettre?

FRANTZ.

C'est le facteur qui me l'a remise au tournant de la route. Il neigeait si fort qu'il était pressé de finir sa tournée, et il m'a dit : « Tenez, mon garçon, voilà une lettre pour vous, puisque je vous rencontre, j'abrégerai ma route!... »

ANNA.

Ouvre vite, Frantz, et lis ce qu'on t'écrit.

FRANTZ (regardant l'enveloppe).

C'est adressé au père, et c'est la même écriture que celle de l'autre lettre, vous savez?... (Il déchire l'enveloppe et hésite.)

LE SABOTIER.

Lis? Moi, j'ai les yeux trop fatigués.

FRANTZ (lisant).

« MES BONS AMIS,

» J'ai voulu, avant de vous adresser cette lettre, attendre le retour du comte de Souwaroff parti, depuis deux ans, pour un très long voyage.

» Dès son arrivée, mes enfants et moi, nous lui avons raconté votre histoire et nous lui avons parlé du talent de Frantz en lui montrant les charmants ouvrages qui sont en notre possession.

» Comme je le pensais, mon mari a partagé nos sentiments, et voici ce qui a été décidé entre lui et moi :

» Depuis longtemps, l'un de nos gardes forestiers n'a pas été remplacé, sa maison est restée inoccupée. Nous voulions installer là, une famille de braves gens. Nous vous offrons, aujourd'hui, cette petite position qui vous assurera, à tous, la tranquillité et l'aisance.

» Les dispositions de Frantz, pour la sculpture sur bois, peuvent lui préparer un bel avenir, aussi, lorsque vous serez ici, on le conduira à Saint-Pétersbourg, chez un artiste en renom, qui le guidera de ses conseils et dirigera son jeune talent.

» Vous recevrez, dès que vous nous aurez fait savoir si vous acceptez notre proposition, une caisse contenant des costumes chauds pour le voyage et une somme d'argent pour en payer les frais.

» Au revoir, n'est-ce pas? Répondez-nous de suite. Mes enfants se font une fête d'aller vous installer dans la maison du garde. Le comte de Souwaroff et moi nous nous engageons à veiller toujours sur les braves enfants qui nous ont si forts intéressés par leur amour filial.

» Comtesse Élisabeth de Souwaroff.

Frantz (sautant de joie).

Eh bien! que dites-vous de la nouvelle?

Anna (battant des mains).

Oh! père, écrivez vite que nous acceptons, car, c'est bien vrai, n'est-ce pas, nous acceptons?

LE SABOTIER.

Pourrions-nous refuser, mes enfants? C'est le bonheur qui nous arrive. (Embrassant le petit Antonin.) Pauvre petit Antonin, je ne suis plus inquiet sur ton sort maintenant.

FRANTZ.

Et moi, père, vous me laisserez devenir un grand artiste?

LE SABOTIER.

Brave enfant! Tu me le demandes? Mais c'est à toi que nous devons notre bonne chance!

FRANTZ (jetant son bonnet en l'air).

Adieu les sabots et vivent mes statuettes, alors!

LE SABOTIER.

Allume le feu, ma fille, que cette nuit la bûche flambe dans l'âtre!

FRANTZ.

J'ai apporté quelques provisions pour le réveillon de Noël, le père ne se fâchera pas, j'espère? C'est une avance qu'on m'a faite au bourg!

LE SABOTIER.

Allons! allons, je veux tout ce que vous voulez, mes enfants; sans vous, sans votre courage, sans l'espérance qui vous a toujours soutenus, nous n'aurions pu vivre jusqu'à ce jour, nous serions tombés malades de privations et de tristesse. Frantz, tu écriras, ce soir même, à la famille de Souwaroff, et, aussitôt que

2.

la caisse et l'argent nous seront parvenus, nous nous mettrons en route.

ANNA (prenant son petit frère dans ses bras).

Entendez-vous, les cloches du bourg commencent à sonner pour la fête? Je vais coucher le petit qui s'endort.

FRANTZ (à sa sœur).

Anna, c'est toi qui as eu l'idée de me faire envoyer une crèche pour Noël l'an dernier. Tu vois comme cela a réussi?

ANNA (montrant le ciel et prenant la main de son père et de son frère).

Oh! ce qui nous a porté bonheur, je le sens, c'est le souvenir de notre mère, parce qu'il est là, toujours avec nous. Il semble, qu'à chaque anniversaire de cette belle fête, qu'elle nous avait appris à aimer, elle veille sur nous plus visiblement encore et c'est elle, c'est son amour, n'en doutons pas, qui nous a préparé *les Surprises de Noël.*

(*La toile se baisse.*)

FIN DU TROISIÈME ET DERNIER ACTE.

LE PETIT FERMIER

COMÉDIE EN 2 ACTES

PERSONNAGES

MARCEL
HENRI
JEANNE } enfants de 6 à 7 ans.
HENRIETTE
MAURICE, 3 ans.
JOSON, fermier, 9 ans.
FANCHETTE, fermière, 8 ans.

LE PETIT FERMIER

PREMIER ACTE

SCÈNE PREMIÈRE

MARCEL, HENRI, JEANNE, HENRIETTE, MAURICE

Plusieurs enfants, sur la scène, portant chacun un objet : filet à papillons, parasol, petit panier, boîte à herborisation, etc., etc., une petite fille attachera le chapeau de sa compagne.

MARCEL.

Partons vite, mes amis ! Il est tard et plus nous attendrons, plus nous aurons chaud, sur la route, avant d'arriver au bois.

HENRI.

Mon Dieu! que les petites filles sont longues à leur toilette! Tenez, voilà Henriette qui n'en finit pas avec Jeanne!

JEANNE.

Les petits garçons disent toujours du mal des petites filles, mais si les petites filles étaient méchantes, elles prouveraient que leurs défauts ne sont rien à côté de ceux des garçons... Là, voyez-vous, Maurice et Henri qui se battent pour avoir le filet à papillons!

HENRIETTE.

Voyons, soyez gentils! C'est moi qui dois vous conduire puisque je suis l'aînée, il faut m'obéir!... De quel côté irons-nous pour notre promenade?

MARCEL.

A la ferme!

TOUS LES ENFANTS.

Oui! oui! à la ferme de Joson!

HENRIETTE.

Je veux bien! Seulement, c'est loin et je ne sais pas si toutes les petites jambes pourront suivre. Comment fera le pauvre Maurice pour marcher si longtemps?

MAURICE (gros bébé de trois ou quatre ans).

Eh! vous me porterez quand je serai fatigué!

LES ENFANTS (riant).

Ah! ah! ne vous gênez pas!... Eh bien! oui, nous le porterons à la *chartemotte*.

MAURICE.

Qu'est-ce que c'est que ça la *chartemotte?* (1)

MARCEL ET JEANNE (le faisant asseoir sur leurs deux mains réunies et le retenant de la main restée libre).

Tiens! comme ceci! Vois-tu que c'est commode!... Tu seras là comme un prince!

MAURICE.

Oui, mais ne me laissez pas tomber, au moins!

HENRIETTE.

Partons! Partons! Avez-vous chacun ce qu'il vous faut?

HENRI.

Voilà mon filet à papillons! Je vais tâcher d'en prendre beaucoup pour notre collection.

MARIE.

Et moi j'emporte ce petit panier pour le remplir de mûres.

JEAN.

Et moi, ma boîte de fer-blanc où je placerai les nouvelles plantes pour mon petit herbier.

TOUS.

En route, chez le fermier Joson!

(1) Expression usitée en Savoie.

Un enfant (chantant).

Air : *Cadet Rousselle est bon enfant*, etc.

Connaissez-vous un bois charmant ? } *bis.*
Sur le chemin, tout en avant,
Il est une ferme si belle
Qu'aussitôt la saison nouvelle,
Assis sur un vieux banc, } *bis.*
On y va boire du lait blanc.

(Les enfants sortent en répétant en chœur ce couplet.)

(*La toile se baisse.*)

FIN DU PREMIER ACTE

DEUXIÈME ACTE

JOSON, FANCHETTE, LES ENFANTS

Le premier avec un bonnet de coton et une blouse bleue; la seconde avec le bonnet et la croix, à la Jeannette, des paysannes de la Savoie. Tous les deux vont au-devant des enfants qui font leur entrée bruyamment.

Henri (chantant).

Bonjour, brave fermier Joson, } *bis.*
Accueille-nous en ta maison.

Jeanne (chantant à la fermière).

Comment va la vache Blanchette ?
Donne-nous de son lait, Fanchette

Tous les enfants (chantant).

Ah! ah! que d'agrément! } bis.
La ferme est un endroit charmant!

Joson.

(Chantant et les faisant asseoir et posant le pain sur la table pendant que Fanchette étale les écuelles pour le lait.)

Entrez chez moi, jeunes amis, } bis.
Voici d'abord du bon pain bis.

Fanchette.

Que vous êtes fraîches et belles,
Asseyez-vous, Mesdemoiselles.

Joson et Fanchette.

Oh! de vous bien servir, } bis.
Nous avons e plus grand désir.

(Les enfants sont assis autour de la table; Fanchette verse le lait. Le fermier, son bonnet à la main, veille à ce qu'ils ne manquent de rien.)

Henriette.

Quel bon lait! C'est celui de Blanchette, je crois? Combien avez-vous de vaches ici?

Fanchette.

Nous en avons quatre! Nous faisons des fromages, du beurre avec le lait qu'elles nous donnent.

Maurice.

Est-ce qu'il y a des petits poulets chez vous? Je voudrais voir les petits poulets, moi!

FANCHETTE.

Tout à l'heure je vous ferai visiter la basse-cour. Vous trouverez le coq, la mère-poule et les poussins. Nous leur jetterons des graines, si cela vous amuse.

JOSON.

Tout cela, c'est l'affaire de ma femme. Moi, je m'occupe, en ce moment, de la fenaison, car, nous voici au mois de juin; c'est l'époque où l'on coupe les foins. J'ai acheté une machine qui fait le travail de plusieurs hommes. Je vous la montrerai; vous verrez le foin tomber tout seul sous le grand couteau de la machine. Le travail est plus économique et moins coûteux.

JULIETTE.

Il faudra nous apprendre tout ce qu'on fait à la ferme. Avez-vous des lapins?

FANCHETTE.

Oh! oui, Mademoiselle, et des cochons aussi, sauf votre respect. Nous avons encore des chevaux, des canards, des moutons, de jolis petits agneaux, un gros chien qui veille sur nous la nuit.

LE FERMIER.

Il y a bien des choses dans une ferme et c'est un grand souci pour le fermier! On travaille *dru* ici.

Mais vous autres, vous travaillez aussi à l'école. *Ceux qui travaillent sont les plus heureux.*

Henri (se levant, en tenant son verre, et chantant :)

La ferme est un endroit charmant } *bis.*
Rempli de plaisir, d'agrément!

Marcel.

Que le fermier nous le permette?
A ta santé, bonne Fanchette!
Pour boire du lait blanc, } *bis.*
Nous reviendrons sur ce vieux banc.

Les enfants reprennent le précédent couplet, en chœur, et en rappant leurs verres sur la table.

(*La toile se baisse.*)

FIN DU DEUXIÈME ET DERNIER ACTE

LE PRÉSENT DU PAUVRE

COMÉDIE EN 2 ACTES

PERSONNAGES.

JEANNE, 8 ans.
LOUIS, 6 ans. } frère et sœurs.
LOLOTTE, 3 ans.
ANNETTE, bonne d'enfants, 9 ans.
MARIE et ROBERT, frère et sœur, 8 et 9 ans.

LE PRÉSENT DU PAUVRE

PREMIER ACTE.

La scène représente une chambre encombrée de jouets d'enfants. Une table au milieu.

SCÈNE PREMIÈRE.

ANNETTE (avec un tablier blanc et un plumeau à la main, elle époussette à droite et à gauche).

Ah! j'ai bien du mal à mettre un peu d'ordre ici! Ces enfants, ça jette tout en l'air! (Elle se croise les bras.) Regardez-moi un peu ce magasin de jouets! Si j'étais Madame, j'en jetterais au moins la moitié au feu, par exemple, ceux qui sont un peu cassés; je ne garderais que les beaux, tout à fait beaux! Mais on veut tout conserver ici! Pourquoi? Je n'en sais rien... Ce sont des idées... Pourtant, c'est une pitié de voir un pareil encombrement. Si j'essayais de fourrer tout ça dans le bas de cette armoire... (Elle ramasse quelques jouets et commence à les mettre dans l'armoire.)

SCÈNE II

LA MÊME, JEANNE, LOUIS, LOLOTTE (ils entrent précipitamment).

JEANNE (vivement).

Oh! je t'en prie, Annette, laisse nos jouets, nous en avons besoin. C'est exprès qu'ils sont étalés comme tu vois.

LOUIS.

Moi, d'abord, il faut que je raccommode mes soldats. (Il regarde dans une boîte.) Bon! je n'ai presque plus de colle, tu serais bien gentille, Annette, d'aller m'en préparer un peu à la cuisine.

ANNETTE.

Pourquoi vous donner tant de peine, Monsieur Louis? Vous avez de nouveaux soldats tout neufs, laissez ces vieux-là!... Allez! Demain, je me charge d'allumer mon feu avec!...

LOUIS.

Non, je ne veux pas jeter mes soldats, je veux les offrir à de pauvres petits enfants qui seront bien contents de les avoir parce qu'ils n'ont jamais de jouets.

JEANNE.

Moi aussi, je veux leur envoyer mes plus anciennes poupées. Tu vois bien, Annette, c'est pour cela que je mets un peu d'ordre dans leur toilette.

ANNETTE.

Eh bien! moi, à votre place, je donnerais toutes ces vieilleries, bien vite, sans perdre votre temps à les rafistoler. Tels qu'ils sont, ces jouets-là amuseront encore de petits malheureux qui n'en ont jamais eus, et puis, cela débarrassera la maison; c'est un tel désordre, ici, que je ne puis plus venir à bout de ranger l'appartement.

LOLOTTE (qui, jusque-là, avait joué avec un petit ménage sans rien dire, redresse la tête).

Oh! moi, je crois que les petits pauvres seraient bien tristes d'avoir des poupées cassées!

JEANNE.

Oui, tu as raison, Lolotte; maman nous a dit,

bien souvent, qu'il fallait remettre en bon état tout ce que nous donnons à ceux qui sont moins heureux que nous et que c'est avoir l'air de les mépriser, que de leur jeter, au hasard, ce que nous ne voulons plus... Annette, je crois qu'on a sonné!

ANNETTE.

Bon! j'y cours! (Elle sort.)

SCÈNE III

JEANNE, LOUIS, LOLOTTE.

LOUIS.

Il faudrait une petite caisse, pour mettre ensemble ta poupée et mes soldats; nous ajouterons quelque chose encore avant d'envoyer ces étrennes aux enfants du pauvre menuisier.

JEANNE.

Je vais demander à maman une de ses caisses à chapeau et nous arrangerons tout dedans. (Elle regarde autour d'elle.) En cherchant bien, je trouverai peut-être... (Elle examine un petit ménage.) Si je donnais ce petit ménage?

LE PRÉSENT DU PAUVRE   47

LOUIS.

Voici une toupie, puis, tu vois ces images, qui traînaient de tous côtés, je les ai collées sur un de mes anciens cahiers, cela fait un véritable album. Hein! qu'ils vont être contents!...

LOLOTTE (s'avançant, tenant un petit chien qui a la queue détachée).

Louis, veux-tu raccommoder la queue de mon chien, dis?

LOUIS.

Hé! ma pauvre Lolotte, pourquoi l'as-tu cassée, donc? Tout à l'heure, le chien était tout entier?...

LOLOTTE (levant son petit doigt).

Parce que je veux le donner à Robert. Puisque nous gardons les jouets neufs, il fallait bien que le chien soit cassé pour que tu puisses le raccommoder et l'envoyer aussi dans la caisse avec les autres jouets!

JEANNE.

Oh! petite Lolotte, c'est comme ça que tu comprends les choses, toi! (Elle rit.) Tiens, voilà Annette qui revient. Je vais lui demander la caisse.

SCÈNE IV

LES MÊMES, ANNETTE

ANNETTE.

Mademoiselle Jeanne, Monsieur Louis, les enfants du menuisier sont là!

JEANNE.

Les enfants! Robert et Marie! Cela tombe bien! Fais-les vite entrer!

ANNETTE (allant ouvrir la porte).

Entrez, petits!

SCÈNE V.

LES MÊMES, MARIE, ROBERT.

ROBERT (timidement, son chapeau à la main).

Bonjour, Mademoiselle, bonjour Monsieur Louis, nous venons pour chercher le petit paquet que votre maman nous a promis.

MARIE.

Oui, ce sont des gilets de flanelle pour papa...

JEANNE.

Ah! je sais, maman y a travaillé encore hier soir. Annette, vas la prévenir. (Annette sort.) En attendant, nous allons aussi vous donner quelque chose. Tenez, Marie, voici une de mes poupées et ce petit ménage.

LOUIS.

Et pour vous, Robert, une boîte de soldats et une toupie!

LOLOTTE (avec son petit chien à la main).

Moi, je n'ai que mon petit chien! Je ne sais pas à qui il faut le donner!

MARIE.

Oh! Mademoiselle Lolotte, il sera pour nous deux, nous nous le prêterons, allez, sans nous disputer, Robert et moi! Merci, Monsieur Louis, Mademoiselle Jeanne! comme vous êtes bons de nous donner ces jolis jouets.

JEANNE.

Nous voulions que vous ayiez des étrennes, et si vous n'étiez pas venus, nous allions vous les envoyer!...

ANNETTE (accourant, montrant quelque chose qu'elle tient dans la main).

Mademoiselle Jeanne! Quel malheur!

JEANNE (effrayée).

Quoi donc!

ANNETTE.

Votre oiseau, votre joli canari! Je viens de le trouver mort dans sa cage! Regardez! (Elle ouvre sa main et montre l'oiseau.)

JEANNE (pleurant).

Mon Dieu! Mon Dieu! Qu'est-ce qui lui est arrivé? Mon pauvre oiseau!

LOUIS (s'approchant).

Est-ce qu'il est tout à fait mort? Oh! oui, ses yeux sont fermés et ses pattes sont raides. Allons, ne pleure pas, Jeanne, on t'en donnera un autre!...

LOLOTTE (embrassant sa sœur).

Je veux pas que tu pleures, moi!... (Elle lui essuie les yeux avec son mouchoir.)

MARIE

Adieu, Mademoiselle Jeanne, il ne faut pas trop vous chagriner! Adieu, Monsieur Louis, merci pour ces belles étrennes. C'est la première fois que nous en recevons. Papa va être bien content.

JEANNE (tristement).

Adieu, Marie! Adieu Robert! (Marie et Robert sorten

en saluant.) Annette, quand maman sera rentrée, tu leur porteras le paquet de gilets (Elle reprend l'oiseau.) Mon pauvre oiseau ! Que je suis malheureuse ! (Elle le baise et pleure, son frère et sa sœur l'embrassent.)

(La toile se baisse.)

FIN DU PREMIER ACTE

DEUXIÈME ACTE

La scène représente la même chambre que précédemment : Une cheminée, un piano, une table. Les enfants sont à l'étude ; Jeanne au piano ; Louis étudie sa leçon avec un livre sur la table. Lolotte, sur une petite chaise, mange une tartine au coin de la cheminée.

SCÈNE PREMIÈRE

JEANNE, LOUIS, LOLOTTE

LOUIS (récitant à mi-voix).

« Une jeune guenon cueillit une noix... » etc., etc. Je crois que je sais ma fable, Jeanne?

JEANNE (achevant une gamme).

Qu'est-ce que tu dis?

LOUIS.

Est-ce que tu voudrais me faire réciter ma fable pour voir si je la sais bien? C'est demain qu'on donne les places, et, tu comprends, si je peux être dans les premiers, je serai joliment content!...

JEANNE.

Attends! j'ai encore deux gammes et un exercice à faire et j'aurai fini. Repasse ta fable une ou deux fois.

LOLOTTE (s'approchant de son frère).

Est-ce qu'il y a des images, dis, dans ton livre?

LOUIS.

Oui, tiens, regarde, mais ne touche pas les pages, tu y mettrais de la confiture.

LOLOTTE (levant un doigt).

Qu'est-ce que c'est que ce bruit?...

LOUIS (écoutant).

C'est la pluie, je crois!... (Il se lève et va vers la fenêtre) Il pleut à verse. Viens voir, Lolotte? (Il soulève sa sœur et la pose debout sur une chaise.) Regarde comme tout le monde se sauve!...

JEANNE (qui a terminé ses exercices, en sourdine, pendant le dialogue, se rapproche.)

Si tu veux réciter ta fable, maintenant, Louis?... Ah! voilà ton livre. (Elle prend le livre resté sur la table.)

LOUIS (récitant à haute voix).

La Guenon, le Singe et la Noix.

Une jeune guenon cueillit
Une noix dans coque verte.
Elle y porte la dent. « Ah! verte,
Dit-elle, ma mère mentit
Quand elle m'assura que les noix étaient bonnes.
Puis, croyez au discours de ces vieilles personnes
Qui trompent la jeunesse. Au diable, soit le fruit! »
Elle jette la noix, un singe la ramasse,
Vite, entre deux cailloux la casse,
L'épluche, la mange et lui dit :
« Votre mère eut raison, ma mie,
Les noix ont fort bon goût, mais il faut les ouvrir.
Souvenez-vous que, dans la vie,
Sans un peu de travail, on n'a pas de plaisir. »

JEANNE.

C'est très bien! Je n'ai pas eu besoin de te souffler un seul mot. Tu vas être premier, j'en suis sûre!...

LOUIS.

Et toi qui viens de l'être!... Deux premiers, cette semaine! Comme papa et maman seront heureux! Peut-être qu'on nous mènera à la foire, dimanche!

JEANNE.

Oh! je n'y tiens pas!... (Elle pousse un soupir.) Cela

me ferait penser à mon pauvre canari que j'y avais gagné l'année dernière, tu te rappelles?

LOUIS.

Eh! bien, tu en gagneras un autre!...

JEANNE.

Ce ne sera pas la même chose, celui-là me connaissait, il était apprivoisé; il venait prendre, dans ma main, les petites graines que je lui donnais... Pauvre petit! Je veux garder, au moins, une de ses plumes en souvenir de lui!

LOLOTTE (trépignant sur sa chaise).

Regardez! regardez! Le vent qui emporte un parapluie!

LOUIS (regardant).

Ah! oui, deux enfants le tenaient. Le petit garçon court après!... La petite fille porte quelque chose, dans son tablier, qu'elle cherche à garantir de la pluie. Mon Dieu! comme ils vont être mouillés!...

JEANNE (avec surprise).

Mais, je ne me trompe pas, c'est bien Robert et sa sœur. Oui, c'est Marie, je reconnais son tablier à carreaux bleus. Pourquoi donc sont-ils sortis par un si mauvais temps?

LOLOTTE (se retournant).

Ils vont venir ici, dis? Je veux qu'ils viennent, moi!

JEANNE.

Je ne pense pas, pourtant. Ils font sans doute une commission pour leur père malade. Il faut que ce soit bien pressé, sans cela, ils ne seraient pas sortis avec une pluie pareille.

LOUIS.

On ne les voit plus. Ils ont dû entrer quelque part, mais je ne sais trop dans quelle maison...

SCÈNE II

LES MÊMES, ANNETTE.

ANNETTE (apportant un plateau avec des tasses et des brioches).

Mademoiselle Jeanne! Voilà votre goûter, le goûter du jeudi, vous savez?

LOLOTTE (battant des mains).

Le chocolat et les brioches! Tu as bien fait de venir, Annette, j'avais très faim, je crois que j'avais même un peu mal à l'estomac.

LOUIS.

Quel dommage que Robert et Marie ne soient pas là, nous leur aurions donné une tasse de chocolat pour les réchauffer.

JEANNE.

On sonne, Annette!

ANNETTE.

Dieu! cette sonnette! On dirait qu'on s'amuse à s'y pendre! Je ne fais que courir à la porte, aujourd'hui!... (Elle sort en courant.)

JEANNE. (Ils s'installent autour de la table.)

Prends garde de te brûler, Lolotte!

LOUIS (Mangeant.)

Il est très bon, ce chocolat!

SCÈNE III

LES MÊMES, ANNETTE, ROBERT ET MARIE

ANNETTE (ouvrant la porte brusquement).

Une visite, mademoiselle Jeanne! (Robert et Marie entrent.)

JEANNE (se levant).

Qui donc? Ah! C'est vous! Bonjour Marie, bonjour Robert! Comme vous êtes mouillés!

ANNETTE.

Et si Mademoiselle avait vu leur pauvre parapluie dans quel état qu'il est! Je l'ai laissé en bas, à la cuisine! Mais quelle idée aussi de sortir quand il tombe un déluge!... Ça n'a pas de bon sens!...

MARIE (sortant timidement un petit paquet de dessous son tablier).

C'est que, voyez-vous, mademoiselle Jeanne, nous voulions venir un jeudi, le jour où vous n'allez pas au cours, pour vous apporter ce que papa vous envoie. (Elle montre le canari empaillé et fixé sur un petit pied de bois.)

JEANNE (jette un cri).

Mon oiseau!... C'est lui! je le reconnais à cette petite tache noire qu'il avait sur la tête! Mais on dirait qu'il est vivant! Il a l'air de me regarder! Marie, comment cela se fait-il? (Louis et Lolotte se rapprochent et examinent l'oiseau.)

LOLOTTE.

C'est Fifi! C'est lui, il n'est plus mort.

ROBERT (tournant son chapeau).

Voilà, mademoiselle Jeanne : en voyant votre chagrin, l'autre jour, Marie et moi, nous avons demandé le pauvre canari à votre bonne, qui allait l'enterrer dans le jardin, et nous l'avons apporté à papa parce qu'il sait empailler les oiseaux. Quand il a appris ce qui s'était passé, il a dit tout de suite, en se redressant sur son lit : « Apportez-moi ce qu'il me faut, mes enfants, que je me mette à l'ouvrage. Je veux envoyer à mademoiselle Jeanne son canari aussi joli que s'il était vivant. Ils ont été si bons pour moi dans cette maison, je veux leur montrer que je ne suis pas un ingrat! »

MARIE.

Et papa a travaillé, sans se reposer, jusqu'à ce que l'oiseau soit comme vous le voyez là. Il disait : « Ce sera mon présent, mon petit cadeau à ceux qui me font du bien ainsi qu'à mes enfants. »

JEANNE.

Oh! merci! Que c'est gentil d'avoir eu cette pensée! J'irai avec maman remercier votre père, Marie.

LOUIS.

En attendant, vous allez prendre une tasse de chocolat avec nous pour vous réchauffer.

JEANNE.

Et puis, vous vous sécherez devant le feu, avant de partir. (Elle baise l'oiseau empaillé.) Mon cher Fifi, je t'aime encore davantage, maintenant que je t'ai retrouvé!... (Au public.) Ce petit canari me rappellera toujours des choses bien douces!...

ROBERT (modestement).

C'est le présent du pauvre, mademoiselle Jeanne!

LOLOTTE (levant son doigt et montrant l'oiseau).

Et celui-là, au moins, ne pourra pas mourir!

(Tous les enfants saluent.)

(La toile se baisse.)

FIN DU DEUXIÈME ET DERNIER ACTE

LE PETIT MOUSSE BRETON

COMÉDIE EN 3 ACTES

PERSONNAGES

LINDOR, petit mousse, 8 ans.
JEAN-PIERRE, vieux Breton, grand-père de Lindor, 12 ans
YVETTE, vieille Bretonne, grand-mère de Lindor, 10 ans.
PETITS BRETONS ET PETITES BRETONNES, FIGURANTS, 8 à 9 ans.

LE PETIT MOUSSE BRETON

PREMIER ACTE

La scène représente l'intérieur d'une maison bretonne. Jean Pierre, assis dans un vieux fauteuil, embrassera chaque enfan qui viendra lui offrir un présent. Les uns porteront une bouteill de vin, les autres, une corbeille d'œufs; d'autres, un petit obje orné de coquillages, d'autres, un chapelet, une pipe, etc., etc Yvette, debout derrière le fauteuil de son mari, s'essuiera les yeux, de temps en temps, avec le coin de son tablier. Tous les acteurs porteront le costume breton : les garçons, culotte courte, veste courte, noire ou blanche, ornée de petits sequins, grand chapeau noir, à larges bords, avec longs bouts de velours retombant par derrière. Les petites filles, jupon court, couleurs variées, garni de velours noir, taille courte, manches larges, petit fichu blanc, tablier de couleur, à bavette, coiffe blanche. Jean-Pierre et Yvette auront les cheveux blancs.

SCÈNE PREMIÈRE

JEAN-PIERRE, YVETTE, LINDOR, PETITS BRETONS ET BRETONNES

JEAN-PIERRE (prenant une corbeille d'œufs qu'il passe à sa femme).

Mais, c'est trop, mes enfants, beaucoup trop.

Qu'est-ce que vous pensez donc de m'apporter tout ça?...

UN PETIT BRETON.

Ah! non, maître Jean-Pierre, ce n'est pas trop!... C'est vous, le plus ancien des marins de la côte, et hier soir, le père répétait encore, à ma sœur et à moi, qu'on voudrait avoir des trésors à vous offrir le jour de votre fête...

UNE PETITE BRETONNE.

Oui, car on peut dire que, dans chaque famille, il y a quelqu'un qui vous doit la vie.

JEAN-PIERRE (attendri).

Eh bien! mes enfants, si j'ai pu en sauver quelques-uns dans mon existence de marin, c'était mon devoir et je n'ai fait que mon métier. (Se tournant vers sa femme qui s'essuie les yeux.) Yvette, il faut faire boire ces braves enfants. N'as-tu pas quelque galette à leur offrir aussi?

YVETTE.

Si, justement, et toute chaude encore, à peine sortie du four! Lindor, mon garçon, aide-moi à placer la table ici, là, devant ton grand-père. (Lindor demeure assis, pensif, dans un coin.) Eh bien! Lindor, est-ce que tu ne m'entends pas? A quoi rêves-tu donc?

UN PETIT BRETON (bas à sa sœur).

Ce pauvre Lindor, il est toujours triste comme un enterrement!

UNE PETITE BRETONNE.

Oh! tu sais bien pourquoi, et moi aussi!...

LINDOR.

Voilà! voilà, grand'mère! (Il l'aide à placer la table.) Maintenant les verres et la cruche de cidre, n'est-ce pas?

YVETTE.

Oui, c'est cela. Moi, je vais chercher la galette.

JEAN-PIERRE (versant à boire).

Tendez vos verres, mes enfants; nous allons boire à la santé de vos familles et de tous les braves marins du pays! (Ils trinquent en choquant leurs verres.)

YVETTE.

Ne buvez pas avant d'avoir goûté ma galette, les amis! (Elle distribue une part de galette à chacun.)

UN PETIT BRETON (faisant claquer sa langue).

Elle est fameuse, cette galette!

YVETTE.

Alors, encore un morceau, petit, ne te gêne pas!

JEAN-PIERRE.

Ce serait le moment de nous chanter un couplet, les enfants, hein! qu'en dites-vous? Pendant ce temps-là, moi je vais étrenner ma belle pipe. Passe-moi le tabac, ma femme. (Elle lui passe un petit sac qui contient du tabac dont il bourre sa pipe.) Eh bien! le chanteur ou la chanteuse, décidons-nous?

TOUS LES ENFANTS.

Lindor! Lindor! C'est lui qui a la plus jolie voix.

LINDOR (hésitant).

Non, laissez-moi!... Qu'un autre chante à ma place... D'abord, je ne sais qu'une seule chanson que j'ai apprise là-bas, vous savez, grand-père, sur mon navire?...

JEAN-PIERRE.

Eh bien! eh bien! chante-la, mon ami; qu'est-ce qui t'en empêche?

LINDOR.

Vous le voulez, alors, je commence. (Il se lève et chante.)

Vive la mer! (1)
Ah! l'heureux temps où j'étais mousse!
Près de l'eau douce,
Que ce refrain devient amer! etc., etc.

(Les enfants reprendront le refrain en chœur; après qu'il aura fini de chanter, Lindor se dirigera vers la porte.)

(1) On pourra choisir à volonté un chant marin, mais nous indiquons *le Petit Mousse*, en vente chez Pinatel, éditeur, 18, Faubourg Poissonnière, Paris, et qui trouvera fort bien sa place ici.

TOUS LES ENFANTS.

Bravo! Bravo! Lindor! Ta chanson nous plaît beaucoup. Mais, qu'as-tu?

LINDOR (se tenant la tête).

Oh! je ne sais, j'étouffe, il faut que je sorte, que je prenne l'air!...

YVETTE (allant à lui).

Qu'est-ce donc, mon pauvre enfant! C'est cette chanson qui t'émotionne comme ça! (A part.) Mon Dieu! c'est tout à fait comme son père! Lui aussi ne rêvait que la mer!... Sors un instant, mon ami, tu reviendras tout à l'heure.

LES ENFANTS.

Nous allons l'accompagner! Attends-nous, Lindor!

UN PETIT BRETON.

Au revoir, dame Yvette!

UNE PETITE BRETONNE.

Au revoir, patron Jean-Pierre!

JEAN-PIERRE ET YVETTE.

Au revoir, les enfants, et merci!

LINDOR (allant embrasser ses grands-parents).

Vous n'êtes pas fâchés contre moi?

YVETTE.

Non, pauvre enfant! Non, nous t'aimons trop, voilà tout! Vas avec tes camarades. (Ils sortent.)

JEAN-PIERRE (levant les yeux au ciel, avec un soupir).

C'est fatal, il partira comme son père!

(*La toile se baisse.*)

FIN DU PREMIER ACTE

DEUXIÈME ACTE

SCÈNE PREMIÈRE

JEAN-PIERRE, YVETTE.

Yvette va prendre sa quenouille dans un coin et se met à filer, pendant que Jean-Pierre, les jambes croisées, continue à fumer sa pipe. Ils restent quelques instants, pensifs, tous les deux, sans rien dire.

YVETTE (d'un air inquiet).

A quoi réfléchis-tu, mon pauvre vieux, dis?

JEAN-PIERRE.

Moi! mais... à rien! C'est-à-dire, si, je crois que je pensais un peu à ces braves enfants qui sont venus me fêter tout à l'heure. Hein! Était-ce assez gentil, de la part des camarades, de les avoir envoyés comme ça!...

YVETTE.

Oui, tu as raison, mais tu ne me dis pas toute ta pensée. Je suis sûre que c'est notre Lindor qui te préoccupe?...

JEAN-PIERRE.

Ah! ça, ma femme, est-ce que tu serais un peu sorcière que tu devines si bien?...

YVETTE.

Ce n'est pas difficile, mon pauvre Jean-Pierre, de deviner! Moi aussi, j'ai le cœur tourmenté à cause de lui?

JEAN-PIERRE.

Eh bien! sais-tu, Yvette, que nous sommes des égoïstes tous les deux. Nous rendons cet enfant absolument malheureux. Il est fait pour la mer, la mer est faite pour lui, c'est dans le sang, ça! Moi, j'étais comme lui, à son âge, et si l'on m'avait empêché de partir!... (Il fait un geste de défi.)

YVETTE.

Hélas! rappelle-toi cette nuit cruelle, où notre fils unique, le père de Lindor, a péri dans un naufrage, où, lui-même, le pauvre petit, qui servait déjà comme mousse, a été sauvé, par miracle, et nous a été rapporté, mais, dans quel état, mon Dieu! Ah! cette nuit-là, j'ai bien juré, en moi-même, que s'il échappait à la mort, il ne nous quitterait plus...

JEAN-PIERRE.

C'est vrai! Et sa pauvre mère, cette jolie Norah, que tout le monde aimait dans le pays, car, elle était aussi bonne que belle, dire, que deux mois après la catastrophe qui nous enlevait notre fils, nous l'accompagnions au cimetière et que le petit était deux fois orphelin! Ah! celle-là, on peut le dire, elle est bien morte de chagrin...

YVETTE.

Et, nous, comment avons-nous pu résister? Le bon Dieu l'a voulu! Il fallait bien quelqu'un pour élever l'enfant!... Tu vois, Jean-Pierre, il est impossible que nous le laissions partir.

JEAN-PIERRE (se lève, se promène de long en large, il va vers la fenêtre).

La mer! Que c'est beau! Ça vous attire, vois-tu, quand on est jeune! Vous autres femmes, vous ne savez pas ce que c'est. Je me reproche tous les jours la tristesse de cet enfant... Nous n'en serons guère plus avancés, s'il tombe malade et si nous le voyons dépérir sous nos yeux.

YVETTE (elle cesse de filer, se cache la figure dans son tablier et pleure).

Ah! sainte bonne Vierge! Quel sacrifice me demandez-vous?

(On frappe.)

JEAN-PIERRE.

Entrez!

SCÈNE II

LES MÊMES, UNE PETITE BRETONNE, UN PETIT BRETON

(Les deux enfants entrent timidement en se tenant par la main; ils s'arrêtent stupéfaits devant Yvette.)

LE PETIT BRETON.

Dame Yvette, vous pleurez? C'est comme Lindor, alors! Tout le monde pleure donc aujourd'hui!

JEAN-PIERRE.

Comment? Lindor! Qu'est-ce qui lui est arrivé!

LA PETITE BRETONNE.

Ne vous fâchez pas, maître Jean-Pierre! Nous venions justement vous avertir que ce pauvre Lindor a un si grand chagrin qu'il pleure et sanglote sous un pommier, là, vous savez, (elle montre du doigt) dans le grand verger qui est au bout de votre enclos.

LE PETIT BRETON.

Nous voulions jouer au marin et l'entraîner avec nous, mais il s'est mis à crier : « Non! non! on ne joue pas avec ça! Marin pour tout de bon, voilà! » Alors, il s'est remis à chanter comme tout à l'heure :

Vive la mer,
Ah! l'heureux temps où j'étais mousse, etc.

en faisant des gestes extraordinaires. Puis, tout à coup, il a recommencé à pleurer, à sangloter, si bien qu'il nous a fait peur, et nous sommes partis en courant pour vous prévenir, car, nous l'aimons beaucoup, ce pauvre Lindor, et nous nous sommes dit que vous seuls pourriez trouver le moyen de le consoler.

YVETTE.

Vous êtes de bons petits cœurs, mes enfants! Enfin, savez-vous ce qui cause tant de chagrin à Lindor? Devinez-vous ce qu'il veut?

LES DEUX ENFANTS (se regardant d'un air embarrassé et se poussant du coude).

(Ensemble.) Dis-le, dis-le, toi?...

LA PETITE BRETONNE.

Vous n'allez pas vous fâcher, au moins, maître Jean-Pierre.

JEAN-PIERRE.

Eh non! ma fille, ne crains pas d'être franche.

LA PETITE BRETONNE.

Eh bien! c'est qu'il voudrait redevenir mousse et partir!

YVETTE.

Il en parle donc, quand il est avec vous autres?

LE PETIT BRETON (tournant son chapeau dans ses doigts.

Un peu!... Quelquefois!... Pas trop, parce qu'il a peur de vous chagriner, mais, voyez-vous, *c'est dans le sang!* Moi, je pense comme lui et je dois m'embarquer sur le prochain navire.

YVETTE.

C'est dans le sang! Ils disent tous la même chose. (Étouffant un soupir.) Allons, enfants, allez chercher Lindor, amenez-le ici; nous avons à lui parler sérieusement.

LES ENFANTS.

Nous y courons, dame Yvette! (ils sortent précipitamment.)

JEAN-PIERRE (secouant les cendres de sa pipe et prenant la main de sa femme).

Ma pauvre femme, tu auras donc un peu de courage, dis?

YVETTE (montrant le ciel).

Que le bon Dieu nous en donne à tous les deux!

(*La toile se baisse.*)

FIN DU DEUXIEME ACTE.

TROISIÈME ACTE

SCÈNE PREMIÈRE

LE PETIT BRETON, LA PETITE BRETONNE, LINDOR

LE PETIT BRETON ET LA PETITE BRETONNE (tirant Lindor, chacun par une main.)

Mais, viens donc! N'aie pas peur...

LINDOR.

Qu'est ce qu'ils peuvent bien me vouloir!... Pourquoi ne me laissez-vous pas tranquille, au fond du verger? J'aime à être seul quand j'ai du chagrin.

LE PETIT BRETON.

Mais tu n'en auras plus de chagrin, tout à l'heure, tu verras.

LINDOR.

Eh bien! où sont-ils donc, grand-père et grand-mère? Vous me disiez qu'ils étaient là!...

LA PETITE BRETONNE.

Nous les y avions laissés, tout à l'heure... Ah! voici maître Jean-Pierre!

SCÈNE II

LES MÊMES, JEAN-PIERRE, puis YVETTE

JEAN-PIERRE (il tousse et va s'asseoir dans son vieux fauteuil).

Approche ici, Lindor, mon garçon. (Il lui passe une main dans les cheveux.) Alors, comme ça, mon petit gas, tu veux quitter tes vieux parents?...

(Les deux petits Bretons se tiennent et regardent, à quelque distance, en se donnant la main.)

LINDOR (d'un air suppliant).

Grand-père!

JEAN-PIERRE.

Oh! je sais que tu nous aimes, va, mon fils! Mais comme nous t'aimons aussi beaucoup, nous ne voulons pas que tu te morfondes dans le chagrin. Ta grand'mère et moi nous sommes d'accord pour donner notre consentement à ce que tu désires. Tu t'embarqueras comme mousse, sur le prochain navire qui partira du port.

LINDOR (se jetant au cou de son grand-père).

Merci, grand-père! (Il se retourne et apercevant sa grand'mère qui entre, il va au-devant d'elle et se jette dans ses bras.)

SCÈNE III

LES MÊMES, YVETTE

YVETTE (avec émotion).

Te voilà content, Lindor?

LINDOR.

Oh! grand'mère, je penserai à vous, là-bas, toujours! toujours! Et puis je reviendrai... Je vous rapporterai de belles choses!...

YVETTE (s'asseyant à côté de son mari, elle prend les mains de Lindor).

Sais-tu ce qu'il ne faut pas oublier, mon enfant, quand tu vas être loin, bien loin de nous? C'est ta prière. Promets-moi que, soir et matin, tu répéteras celle que je t'ai apprise aussitôt que tu as commencé à parler. Si tu y es fidèle, je serai plus tranquille et je supporterai, avec plus de résignation, le chagrin de la séparation.

LINDOR.

Oh! grand'mère, je vous le jure, je n'y manquerai pas un seul jour, et, je croirai, chaque fois, en la répétant, que je suis encore dans notre petite maison bretonne, entre vous et grand-père.

LA PETITE BRETONNE (s'avançant timidement après avoir eu l'a de consulter son compagnon).

Voulez-vous permettre, dame Yvette, que j'aille chercher les autres camarades de Lindor, pour leur apprendre la nouvelle?

YVETTE.

Oui, mon enfant, va! Cela te fera plaisir, Lindor? (Les deux enfants sortent).

JEAN-PIERRE.

Il n'y a pas besoin de lui demander ça, hein! mon gas! C'est ton jour de triomphe aujourd'hui. (On entend des cris et des vivats dans les coulisses.) Tes camarades le comprennent déjà, tiens, les entends-tu?

SCENE IV

LES MÊMES, TOUS LES ENFANTS

TOUS LES ENFANTS (accourant et levant leurs chapeaux).

Vive Lindor! Vive le petit mousse! (Ils entourent Lindor).

UN PETIT BRETON.

On annonce le départ du navire *Amiral* pour demain matin.

LA GRAND'MÈRE (étouffant un soupir).

Déjà! grand Dieu!

LINDOR (s'agenouillant devant elle).

Oh! grand'mère, ne me donnerez-vous pas votre bénédiction avant mon départ? Cela me portera bonheur.

JEAN-PIERRE et YVETTE (posant leurs mains sur la tête de Lindor).

Nous te bénissons de grand cœur, mon enfant!

JEAN-PIERRE.

Va, fais ton devoir, ne nous oublie pas, et Dieu te protégera.

TOUS LES ENFANTS (chantant avec enthousiasme en entourant Lindor) :

(Même air que pour les précédents couplets.)

« Vive la mer !
Il va partir le petit mousse,
Bon vent le pousse,
Pour lui point de regret amer,

LINDOR.

Pays de Bretagne,
En te gardant mon amour,
Il faut que je gagne
La croix d'honneur un beau jour.

CHOEUR

Vive la mer ! etc., etc.

(Les enfants saluent.)

(*La toile se baisse*).

FIN DU TROISIÈME ET DERNIER ACTE

LA VEILLE DE SAINT-NICOLAS

SAYNÈTE EN 1 ACTE.

PERSONNAGES

SAINT-NICOLAS, 12 ans.
TINTIN, bébé de 4 ans. } frères et sœurs.
RAOUL, 7 à 8 ans
BERTHE, même âge.

LA VEILLE DE SAINT-NICOLAS

La scène représente une chambre avec une cheminée; le trois enfants entrent en scène avec leurs manteaux, cache-nez, chapeaux et portent, l'un, un panier, l'autre, un sac. Les deux aînés donnent la main au plus jeune.

BERTHE.

Dépêchons-nous, rentrons vite! Oh! qu'il fait froid dans la rue, j'ai les mains glacées, je ne peux plus tenir mon panier.

RAOUL

Et moi donc, je sens mes engelures qui me font un mal!

BERTHE (embrassant son petit frère).

Tu ne dis rien, pauvre Tintin; tu ne te plains pas. Les grands sont plus douillets que les petits. Viens que j'ôte ton manteau.

TINTIN (regardant autour de lui).

Maman, où est maman?

RAOUL.

Tiens, c'est vrai! maman qui vient toujours au-devant de nous, où est-elle donc?

BERTHE.

Tu n'as pas entendu, Mina nous a dit tout à l'heure, en bas, qu'elle était sortie, qu'elle était allée faire des commissions et qu'elle nous recommandait d'être bien sages en son absence.

RAOUL.

Oh! moi j'ai été sage toute la semaine, d'abord! On nous a tant répété que Saint-Nicolas nous apporterait une verge, si nous étions méchants, que je n'ai pas eu envie d'essayer. Viens, Tintin, je vais te dresser les soldats sur la table. (Les deux enfants s'installent.)

BERTHE.

Et moi, je vais arranger mon petit ménage à côté

de vous. (Elle étale les assiettes et les ustensiles de ménage.) Tu sais Raoul, que c'est demain qu'il vient, Saint-Nicolas, où plutôt cette nuit, puisque c'est demain le jour de la fête de Saint-Nicolas.

TINTIN.

Oh! un soldat qui tombe! (A son frère.) Est-ce que tu le connais, toi, Saint-Nicolas?

RAOUL (riant).

Ah! la drôle d'idée!... Eh non, je ne le connais pas, je ne l'ai jamais vu, ni Berthe non plus.

BERTHE.

Non, bien sûr, mais je sais très bien comment il est habillé, on me l'a raconté, et puis, je l'ai vu sur des images : il a une robe violette, un manteau d'or, une mitre et une crosse; il marche à côté de sa bourrique, toute chargée de jouets, et lorsqu'il descend dans les cheminées, il choisit les jouets qu'il veut mettre dans les souliers des enfants.

RAOUL.

Quelquefois, au lieu de jouets, il laisse une verge.

TINTIN.

Une verge!

BERTHE.

Non, non, Raoul se trompe, ce n'est pas lui qui met la verge, c'est le père Fouettard, son compagnon; du moins, on me l'a raconté, car je ne les ai jamais vus, ni l'un, ni l'autre.

TINTIN.

Pourquoi donc qu'on ne les voit jamais? Moi, je voudrais les voir.

RAOUL.

C'est qu'ils font leur tournée pendant la nuit, et les enfants dorment toujours à cette heure-là. (Baillant.) Mais comme maman est longue avant de revenir! J'ai presque sommeil, déjà. Et Tintin qui s'endort, regarde, Berthe?

BERTHE (secouant le bras de son petit frère).

Tintin, réveille toi! Dis donc, Raoul, si nous mettions nos souliers devant la cheminée? Attends, je reviens; je vais chercher, dans la chambre, à côté, une paire à chacun de nous. Je veux choisir ceux du dimanche pour faire honneur à Saint-Nicolas. (Elle sort et revient avec trois paires de souliers.)

RAOUL.

Merci! Voici les miens, les beaux, avec un bout verni.

TINTIN.

Donne-moi vite mes bleus, mes jolis souliers bleus.

BERTHE.

Là, et moi j'ai pris mes bottines mordorées à boutons. Cherchons une bonne place. Voilà!... Les petits souliers bleus de Tintin seront au milieu, ceux de Raoul là, à droite, et les miens ici.

TINTIN (qui est allé s'asseoir près de la table appuie sa tête sur ses bras et s'endort).

Maman!... Saint-Nicolas!...

BERTHE.

Qu'est-ce que tu dis, Tintin? Pauvre petit, il dort. Aide-moi, Raoul, nous le placerons sur le canapé. (Ils le conduisent doucement et le couchent sur un canapé.) J'ai envie d'en faire autant, et toi? Voilà un fauteuil pour toi, j'en ai un ici, dormons, le temps passera plus vite.

RAOUL.

Tu as raison. Je vais baisser la lampe. (Il baisse l'abat-jour.) Dormons! (Ils ferment les yeux tous les deux.)

SCÈNE II

LES MÊMES, SAINT-NICOLAS

Pendant que les trois enfants sont endormis, Saint-Nicolas arrive sur la scène. On jouera, en sourdine, la petite ritournelle du chant qui termine la saynète. Le costume de Saint-Nicolas se composera d'une robe violette, d'un surplis blanc, d'un grand manteau or ou argent, d'une mitre or ou argent. Le manteau et la mitre pourront être du papier collé sur une étoffe. La crosse se fera facilement avec un fil de fer entouré de ouate et recouvert de papier doré.

SAINT-NICOLAS (il arrive doucement, lentement sur le devant de la scène).

Ah! je ne me suis pas trompé. (Il montre les enfants). Il y a des enfants ici! Je savais aussi qu'ils dormaient. (Levant le doigt.) Saint-Nicolas sait tout! C'est pourquoi je suis venu, avant la nuit, leur faire une petite visite pendant leur sommeil. Ils ont vraiment l'air de bons enfants, je vois ça tout de suite. Et puis, les deux aînés ont soin du plus jeune; ils lui ont donné la meilleure place sur le canapé. C'est bien! c'est très bien!... (Il va vers la cheminée.) Qu'est-ce que je vois là? Ce sont leurs souliers qu'ils ont déjà placés pour m'attendre. Pauvres petits! Je devine ce qui leur ferait plaisir. Mais je veux savoir quelle sera leur pensée, ce soir, en se mettant au lit. Mon cadeau est toujours plus beau pour l'enfant dont le cœur se montre généreux et bon. (Faisant signe de la main.) Adieu, petits amis, je vous laisse ma bénédiction; cette nuit je reviendrai et tout à l'heure, si vous vous réveillez, vouse roirez peut-être avoir aperçu Saint-Nicolas en rêve!... (La musique joue la ritournelle en sourdine.)

(Il sort).

SCÈNE III

RAOUL, BERTHE, TINTIN.

BERTHE (se frottant les yeux).

Est-ce que je rêve? il me semble que j'ai entendu de la musique?

RAOUL (se levant à demi et regardant autour de lui).

C'est fini! Il est parti!... Quel dommage! Berthe! Berthe!

BERTHE.

Quoi donc? Voilà Tintin qui se réveille. Laisse-moi l'aider, il pourrait tomber du canapé. Je crois que nous avons bien dormi tous les trois. (D'un air mystérieux.) Mais, j'ai fait un rêve!...

TINTIN (montrant la porte).

Je veux qu'il revienne... Vite! vite!...

RAOUL.

Qui donc? De qui parles-tu?

TINTIN.

De Saint-Nicolas. (Joignant les mains.) Oh! C'est qu'il était beau, vois-tu!... Je l'ai vu, là!

RAOUL.

Tu l'as vu? Tiens! et moi, en m'éveillant, il me semblait que je venais de l'apercevoir, qu'il était près de nous! Et toi, tu disais que tu avais rêvé?

BERTHE.

Eh oui, j'ai rêvé! Quel joli rêve! J'ai entendu une musique très douce, et puis, j'ai vu Saint-Nicolas qui marchait lentement au son de cette musique; il se dirigeait du côté de la cheminée et il regardait gravement nos souliers comme s'il se demandait ce qu'il allait mettre dedans.

RAOUL.

Mais alors, tous les trois, nous avons dû faire le même rêve. Ce n'est pas étonnant, nous avons tant pensé à Saint-Nicolas et tant parlé de lui avant de nous endormir.

BERTHE.

Oh! je suis bien sûre que lui aussi pense à nous à présent.

RAOUL.

Crois-tu qu'il m'apportera le petit costume de hussard que je désire depuis si longtemps?

BERTHE.

Mais, oui, puisqu'il devine tout. Moi, (elle réfléchit un instant) j'espère avoir un petit théâtre de marionnettes! Je voudrais bien savoir si Saint-Nicolas va chez tous les petits enfants? Je veux lui dire ce soir, dans ma prière, de n'oublier personne et d'aller surtout chez les petits orphelins, ceux qui n'ont pas de maman pour les soigner, ni de papa pour les gâter.

RAOUL.

Moi, sais-tu, j'aimerais même mieux avoir quelque chose de moins beau pour être sûr que Saint-Nicolas donne à chaque enfant un petit jouet.

TINTIN.

J'entends la porte de la rue s'ouvrir. C'est maman qui rentre, je crois?

BERTHE.

Allons à la salle à manger! Allons, car on va servir le dîner. Nous raconterons notre rêve à table! Viens-tu, Raoul? (Elle prend Tintin par la main.)

RAOUL.

Laisse-moi regarde encore nos souliers, ils son bien à leur place toujours?

BERTHE (elle touche les souliers).

Attends, que j'arrange celui-ci; il est de travers.
(Elle s'avance et chante :)

Air : *Un soir de cette automne* (des *Visitandines*).

BERTHE.

Devant la cheminée,
Plaçons bien, dès ce soir,
La mule satinée,
Le petit sabot noir.
Saint-Nicolas fait sa tournée :
Que notre cœur soit plein d'espoir!

RAOUL (montrant sa sœur).

Donnez aux plus gentilles
Et pensez bien à tous;
Comblez garçons et filles,
Sans faire de jaloux;
Saint-Nicolas, dans les familles,
Laissez un souvenir bien doux.

ENSEMBLE.

Partout la terre est blanche,
C'est le temps rigoureux,
Sans fête, ni dimanche,
Pour l'enfant malheureux :
Que votre main vers lui se penche
Saint Nicolas! Voilà nos vœux!

Ils contemplent un instant leurs souliers en tendant les mains vers la cheminée dans une sorte d'évocation. La cheminée se trouvera à droite ou à gauche de façon que les enfants soient vus de profil.

(La toile se baisse.)

LES PETITS MÉTIERS DES RUES.

COMÉDIE EN 3 ACTES.

PERSONNAGES

Mlle HENRIETTE, institutrice, 10 ans.
ALICE, PIERRE, ses élèves, 7 et 8 ans.
JEAN, petit marchand de sucre d'orge, 7 ans.
LOUISA, petite marchande de violettes, 6 ans.
CHARLES, aveugle, 9 ans.
ÉLISE, infirme, 8 ans.

LES PETITS MÉTIERS DES RUES

PREMIER ACTE

La scène représente un petit salon d'études. Mlle Henriette sera assise à un bureau entre ses deux élèves.

SCÈNE PREMIÈRE

Mlle HENRIETTE, ALICE, PIERRE

Pierre (récitant).

Das Brot, le pain; der Vater, le père; die Mutter, la mère. (Il s'arrête et se met à bâiller.) Ah! que je suis fatigué!

Mlle Henriette.

Fatigué! Et de quoi? Nous commençons à peine la leçon! Vous êtes donc malade, Pierre?

PIERRE.

Non, mais cet allemand est si ennuyeux, si difficile!

Mlle HENRIETTE.

Bon! hier, vous disiez la même chose pendant votre leçon de géographie!...

ALICE.

Si l'on n'étudiait que les choses qu'on aime, mademoiselle, on apprendrait mieux, je vous assure. Ainsi, moi, je suis folle de musique... Je ne me las serais jamais de chanter; croyez-vous que ce ne serait pas plus amusant que de s'exercer à répéter des phrases comme ça : *Der Vater ist gut. Die Grossmutter ist krank?* (Elle tousse.) Ah! j'en ai mal au gosier.

Mlle HENRIETTE.

Pour le chant que vous aimez tant, ma petite Alice, comme pour le reste, il faut étudier. Je vous ai vu bâiller et soupirer devant votre solfège, et cependant vous n'arriverez jamais à chanter, ni à jouer, sans avoir appris les principes et les règles de la musique, vous ne saurez jamais faire autre chose que ce que font les pauvres petits chanteurs des rues.

PIERRE.

Les petits chanteurs des rues! Ah! en voilà qui sont heureux, par exemple! Toute la journée, ils peuvent courir en liberté; ils ne font que ce qu'ils veulent; ils rient, ils s'amusent, ils sont gais.

Mlle Henriette.

Mon pauvre Pierre, si vous connaissiez bien leur véritable vie, vous ne changeriez pas avec eux. Ceux qui passent leur existence à ces sortes de métiers, qui vous semblent si pleins d'attraits, ont une triste fin, le plus souvent.

Pierre.

C'est égal, je ne comprends pas pourquoi on nous oblige à tant travailler! Ce n'est pas la peine d'être les enfants du plus riche banquier de la ville pour passer tout notre temps à *bûcher* comme si nous en avions besoin!

Alice.

C'est assommant d'étudier toujours!...

Mlle Henriette. (Elle regarde sa montre).

Mes enfants, nous perdons notre temps à causer, voici l'heure de votre promenade. C'est aussi le jour de votre cours de dessin, je vous y conduirai ensuite. Rangez vite vos livres, vos cahiers; puis, allez vous habiller et embrasser votre maman, je vous attendrai ici.

Les enfants rangent, avec ordre, les objets étalés sur la table et sortent. Mlle Henriette prend un livre et se tourne du côté du piano qu'elle ouvre et se met à jouer. Si la fillette, qui remplit le rôle de l'institutrice, est capable d'exécuter un morceau de musique, ce sera l'occasion de le lui faire jouer. A la fin du morceau, la toile se baissera, sinon, la chose aura lieu au moment où Mlle Henriette se plongera dans sa lecture.

(*La toile se baisse.*)

FIN DU PREMIER ACTE

DEUXIÈME ACTE

La scène représentera un carrefour au milieu duquel les acteurs s'arrêteront en débouchant par un des côtés.

SCÈNE PREMIÈRE

JEAN (avec un petit bonnet de pâtissier et un tablier blanc; il tiendra une corbeille remplie de cornets de bonbons et de sucre d'orge).

Marchand de sucre d'orge! Qui veut des bonbons? Marchand de sucre d'orge! (A part.) J'ai beau m'égosiller, personne ne vient. Dire qu'hier je n'ai pas gagné dix sous dans ma journée! Je voudrais pourtant me rattraper aujourd'hui! (Chantant :)

Air : *Il pleut, il pleut bergère!*

Qui veut du sucre d'orge,
Pastilles ou bonbons?
Pour adoucir la gorge
Prenez, ils sont tous bons;
De fabrique nouvelle,
Je vous offre un fondant
Gentille demoiselle,
Goûtez-en, c'est l'instant!

Ah! mon Dieu! Personne ne m'entend! Personne ne passe!... (On entend crier au bout de la rue : « Fleurissez-vous, mesdames! La violette! la violette! mes beaux messieurs! » Il écoute un instant.) Eh! mais c'est la petite marchande de violettes, je reconnais sa voix! Bon! voilà encore une chance de moins pour moi! Les belles dames et les beaux messieurs vont dédaigner mon sucre d'orge pour acheter un bouquet. Les nourrices et les petits enfants ont meilleur goût; ils aiment mieux ce qui se mange que ce qui se fane!... Allons plus loin!... (Il s'éloigne en chantant : « Qui veut du sucre d'orge? etc., etc.)

SCÈNE II.

Louisa. (arrivant sur le devant de la scène après qu'on l'aura entendue une ou deux fois pendant le monologue de Jean).

La violette! la violette! Fleurissez-vous, mesdames! (Elle va et vient, puis, s'assied par terre sur une pierre.) Ah!

que je suis lasse! depuis six heures du matin je suis
debout! J'ai reçu une averse pour commencer la
journée; mes vêtements sont encore tout mouillés et
je n'ai pas vendu le plus petit bouquet de violettes!
(Elle se relève.) Pourtant, il faut bien que je rapporte
quelques sous, ce soir, à la maison; maman est si
malade, elle ne peut plus travailler. Allons, un peu de
courage, essayons encore! (Chantant, en se promenant de
long en large.)

Air : *En avant! Fanfan la Tulipe!*

REFRAIN.

Achetez-moi la violette,
Achetez, ce n'est que deux sous.
Voulez-vous parure complète.
Ces bouquets sont tous faits pour vous.

COUPLET

Chacun en réclame,
Et jeunes et vieux.
Venez, belle dame,
Choisissez au mieux.

REFRAIN

Achetez-moi la violette! (Elle s'arrête.)

Mais j'entends chanter, là-bas, je crois? (On entend
a voix du petit marchand. « Qui veut du sucre d'orge? etc., etc
il se rapproche.) Ah! c'est le marchand de sucre d'orge!
Il n'a pas l'air d'être plus heureux que moi. (Elle regarde
dans le lointain.) Tiens! quelle chance! je ne me trompe

pas. Voici du monde! Une dame, deux enfants! Les enfants vont se jeter sur le sucre d'orge, c'est sûr! Si j'étais seule à vendre quelque chose, encore! Enfin! (Elle arrange les violettes d'un tour de main dans sa corbeille et recommence à chanter.)

(Air : *En avant, Fanfan, la Tulipe, etc., etc.*)

Achetez-moi la violette,
Achetez, ce n'est que deux sous!
Voulez-vous...

SCÈNE III

LA MÊME, JEAN

Jean (accourant et chantant à tue-tête; interrompt le couplet.)

Qui veut du sucre d'orge
Pastilles ou bonbons? etc., etc.

Louisa (furieuse et criant plus fort).

Achetez-moi la violette,
Achetez, ce n'est que deux sous! etc., etc.

(Les deux petits marchands se précipitent au devant de l'institutrice et des deux enfants qui débouchent sur la scène.)

SCÈNE IV

LES MÊMES, Mlle HENRIETTE, ALICE, PIERRE

ALICE (à part).

Oh! mon Dieu! Ils vont tomber sur nous, ces petits marchands!

Mlle HENRIETTE (faisant un geste de la main).

Laissez-nous passer, petits, voyons!

PIERRE.

Si nous leur achetions quelque chose? Moi, j'ai grande envie d'un sucre d'orge.

Mlle HENRIETTE.

Je veux bien, mais vous le mettrez dans votre poche pour le manger quand nous serons rentrés. Il ne faut pas coller vos gants et vous salir la bouche dans la rue. Combien le sucre d'orge, petit marchand?

JEAN (présentant sa corbeille d'un air triomphant).

C'est un sou le bâton, madame. En voici un blanc pour le petit monsieur (il prend un sucre d'orge blanc.) et un rose pour la petite demoiselle, (il prend un sucre d'orge rose) si vous voulez?.. Faut-il les mettre dans du papier?

LOUISA (tirant la robe d'Alice.).

Prenez-moi un bouquet, ma jolie demoiselle! Prenez pour m'étrenner, ça me portera bonheur.

ALICE (tirant le bras de l'institutrice).

Mademoiselle, si j'achetais un bouquet de violettes pour maman?

Mlle HENRIETTE.

Oui, mais nous perdons notre temps, la leçon de dessin sera commencée quand nous arriverons. Allons, Pierre, prenez les sucres d'orge. Enveloppez-les dans le papier, petit? Tenez, voilà deux sous!

JEAN.

Merci, madame.

Mlle HENRIETTE.

Choisissez vite un bouquet, Alice. C'est deux sous, n'est-ce pas, mon enfant? (Elle donne les deux sous à la fillette.) Les voilà!

LOUISA.

Que je suis contente! A une autre fois, madame.

ALICE.

Cela vous amuse beaucoup, n'est-ce pas, de vendre des violettes?

Louisa (reste un instant surprise et embarrassée).

Oh! mademoiselle... non... cela ne m'amuse pas, mais il faut bien faire quelque chose pour gagner un peu d'argent, car, maman est malade, elle ne peut pas travailler... et puis... j'ai un petit frère... Quelquefois, le soir, nous n'avons rien à manger...

Mlle Henriette (à part).

Voilà une leçon qui fera plus d'effet que tout ce que je pourrais dire. C'est comme fait exprès!

ALICE (regardant son institutrice).

Est-ce possible? Mon Dieu, que c'est triste!

Pierre (à mi-voix).

Le petit marchand de sucre d'orge est peut-être plus heureux que cette petite fille?

Mlle Henriette.

J'en doute. Une autre fois, quand nous passerons par ici, nous le lui demanderons. Marchons vite, maintenant, pour rattraper le temps perdu.

Louisa (s'éloignant en chantant).

Achetez-moi la violette,
Achetez, ce n'est que deux sous.

(Elle disparaît.)

JEAN (dans le lointain).

Qui veut du sucre d'orge,
Pastilles ou bonbons.

ALICE (regardant tristement de leur côté).

Pauvres petits! (Elle s'éloigne avec son frère et l'institutrice.)

(*La toile se baisse.*)

FIN DU DEUXIÈME ACTE

TROISIÈME ACTE

La scène représentera encore la rue; sur un des côtés, une porte figurera l'entrée d'une église. En face l'un de l'autre, et placés de chaque côté de la porte, Charles et Louise, l'un aveugle, l'autre paralytique, seront assis avec une sébile sur les genoux.

SCÈNE PREMIÈRE

CHARLES, LOUISE (mendiants)

CHARLES (d'une voix nasillarde).

La charité, s'il vous plaît, mes bons messieurs, mes bonnes dames?

LOUISE.

Un petit sou pour la pauvre infirme. Un petit sou, le bon Dieu vous le rendra. Hum! (Elle tousse.) Quel courant d'air il y a auprès de cette porte! Mais, c'est la meilleure place, quand il passe du monde, pour aller à l'église!...

CHARLES.

Eh bien! ma pauvre Louise, nous n'avons pas de chance aujourd'hui! (Il secoue sa sébile.) Je n'ai encore rien entendu tomber dans ma sébile.

LOUISE.

Ah! mon Dieu, que c'est triste d'être infirme Quand j'écoute le bruit de petits pieds qui trottent autour de moi, j'envie le sort des enfants, je voudrais revenir à leur âge et alors...

CHARLES.

Chut! Louise, on vient, je crois?... (Il secoue sa sébile.) La charité, s'il vous plaît, mes bons messieurs, mes bonnes dames!... (Au même moment, Mlle Henriette et ses élèves débouchent sur le côté opposé et, tout en causant, ls s'arrêtent sur e devant de la scène.)

SCÈNE II

LES MÊMES, Mlle HENRIETTE, ALICE, PIERRE

Mlle Henriette (marchant au milieu de ses deux élèves, arrive sur le devant de la scène).

Allons, je suis contente; la leçon de dessin s'est bien passée; je pourrai, cette fois, faire plaisir à vos parents en rendant compte de votre travail. Voyons, Pierre, n'êtes-vous pas plus fier et plus satisfait, de vous-même, que lorsqu'il vous prend envie d'être un petit marchand de sucre d'orge comme celui que nous avons rencontré, il y a quelques instants? Et vous, Alice, pensez-vous encore à aller vendre de la violette?

ALICE.

Oh! mademoiselle, vous aviez raison de vous moquer de nous. Pauvres petits marchands! Leur sort n'est pas bien gai. Où sont-ils maintenant?

PIERRE.

Je me demande ce qu'ils peuvent faire quand ils sont devenus vieux?

(On entend Charles tousser très fort

ALICE (regardant de tous côtés).

Mon Dieu! qu'est-ce qui tousse comme ça? Ah! c'est ce mendiant près de la porte de l'église. Il y a une femme aussi; ils ont l'air bien malheureux! (Elle fouille dans sa poche.) Je ne sais pas si j'ai encore un sou?

PIERRE.

Moi, j'ai deux sous dans la poche de ma veste. Mademoiselle, nous pouvons leur donner, n'est-ce pas?

Mlle HENRIETTE.

Oui, approchons-nous d'eux, puis, nous traverserons l'église.

ALICE (se rapprochant et jetant son sou dans la sébile de l'aveugle qui tousse en ce moment).

Vous toussez bien fort, mon pauvre homme?

CHARLES.

Oh! oui, je tousse et il y a bien longtemps, allez, mademoiselle, car, je devine, à votre voix, que vous devez être une gentille petite demoiselle.

PIERRE.

Tenez, pauvre femme!

LOUISE.

Merci! je prierai le bon Dieu pour vous.

ALICE (à son institutrice).

Mademoiselle, demandez-leur donc pourquoi ils sont obligés de mendier?

Mlle HENRIETTE.

Mais...

PIERRE.

Si, si, demandez-leur?

Mlle HENRIETTE.

Dites-moi, ma brave femme, vous n'avez pas toujours été paralysée et votre compagnon n'est pas aveugle de naissance, je suppose?

LOUISE.

Oh! non, bien sûr, madame, c'est notre triste sort qui nous a amenés à l'état où vous nous voyez aujourd'hui. Quand nous étions enfants, nous avions de bons yeux et de bonnes jambes, je vous en réponds! Ah! si quelqu'un m'avait prédit que je deviendrais ce que je suis maintenant!...

CHARLES.

Que voulez-vous, ce n'est pas notre faute! Il nous a manqué, quand nous étions petits, de bons parents pour nous guider. On ne nous a pas fait travailler. Nous n'avons pu aller à l'école, ni apprendre à lire;

personne ne s'occupait de nous, et, comme il fallait se nourrir, s'habiller, nous nous sommes créé un métier nous-mêmes, n'est-ce pas, Louise?

LOUISE.

Eh oui, hélas! Nous avons fait ce que de pauvres enfants, seuls au monde, pouvaient faire, voilà tout!

PIERRE.

Et qu'avez-vous fait?

LOUISE.

Oh! vous savez, de ces petits métiers des rues, qu'on varie, suivant la saison!...

CHARLES.

Moi, j'ai vendu du sucre d'orge, ma sœur des bouquets de violettes au printemps; à l'entrée de l'hiver, des châtaignes... Pendant les froids, du charbon, des allumettes, de la chandelle, des balais, des fromages!...

PIERRE ET ALICE (se regardant en secouant la tête).

Tu vois!...

Mlle HENRIETTE.

Et vous n'êtes jamais arrivés à une position meilleure?

Louise.

Oh! non, madame. C'était pour nous, tout le temps, des soucis, la misère et les privations. La maladie est venue ensuite. Moi, j'ai pris des douleurs à battre le pavé par tous les temps. Lui, est devenu aveugle à la suite d'un grand froid qu'il a eu sur les yeux; des voisins, qui ont eu pitié de nous, nous ont conduits à l'hôpital, et, aujourd'hui, tels que vous nous voyez, infirmes et sans ressources, nous ne pouvons faire autre chose que mendier.

Charles (levant le doigt).

Oh! qu'ils sont heureux les enfants que leurs parents font instruire et travailler! Si ceux-là connaissaient notre triste histoire, je suis sûr qu'ils profiteraient encore mieux des avantages qui leur sont donnés.

Mlle Henriette.

Vous avez raison, mes braves amis, et je ne doute pas que votre exemple ne serve de leçon à l'occasion. Nous reviendrons quelquefois vous apporter un petit souvenir. Tenez! (Elle jette à son tour une petite pièce dans l'une des sébiles.)

Charles et Louise.

Que Dieu vous le rende, ma bonne dame!

Alice (revenant sur le devant de la scène, avec Pierre et Mlle Henriette).

Que je suis donc contente d'avoir bien pris ma leçon, aujourd'hui! Laissez-moi regarder mon dessin, Mademoiselle, pendant qu'il n'y a personne dans la rue. (Elle tire une feuille du carton et l'examine.) Maman le trouvera bien, n'est-ce pas? Et toi, Pierre, montre un peu le tien?

Pierre (tirant à son tour une feuille du carton).

Ma foi! Je crois que c'est le meilleur que j'ai fait. C'est étonnant comme, cette après-midi, je me sentais en veine de progrès!

Mlle Henriette (riant).

C'est que vous aviez renoncé à devenir marchand de sucre d'orge!

Pierre.

Oui, justement; je crois qu'Alice, de son côté, avait perdu son enthousiasme pour aller vendre des violettes dans la rue.

Mlle Henriette.

Alors, mes chers enfants, je puis espérer que ce que vous avez vu et entendu, aujourd'hui, vous profitera et que demain la leçon d'allemand marchera aussi bien que la leçon de dessin!

ALICE.

Oh! oui, mademoiselle, et toutes les autres leçons aussi!

Mlle HENRIETTE.

Très bien, et puisque vous sentez maintenant que vous êtes des enfants plus heureux que bien d'autres, avant de rentrer à la maison, arrêtons-nous quelques minutes à l'église pour remercier Dieu, par une prière, de tout ce qu'il vous a donné. Venez!

PIERRE ET ALICE (après avoir mis leurs feuilles dans le carton, se suspendant chacun au bras de l'institutrice).

Allons!... (Ils se mettent en marche.)

ALICE (se retournant vers la scène).

Nous raconterons tout cela à maman (levant le doigt), car, on m'a dit que les mères doivent toujours lire ce qui se passe dans le cœur des enfants. Mais décidément *les petits métiers des rues* ne nous feront plus envie! (Ils saluent.)

(*La toile se baisse.*)

FIN DU TROISIÈME ET DERNIER ACTE.

LA CIGALE ET LA FOURMI

SAYNÈTE EN 1 ACTE

Imité de la fable *la Cigale et la Fourmi*.

PERSONNAGES

La FOURMI, 8 ans.
La CIGALE, 7 ans.

LA CIGALE & LA FOURMI

La *Cigale*, représentée par une petite chanteuse en haillons arrive à la porte de la *Fourmi* et frappe timidement. Elle tient à la main, une guitare ou une mandoline.

LA CIGALE.

Que je suis fatiguée!! Je n'ai rien mangé depuis hier et j'ai marché longtemps. Ah! voici l'endroit où habite mon ancienne voisine, la Fourmi, qui travaille toujours! Elle doit avoir amassé des provisions depuis l'année dernière. Si j'essayais de lui demander quelque chose! (Elle frappe à la porte : la Fourmi ouvre et apparaît avec l'air courroucé.)

Air : *Compliments de Normandie*, de Loïsa Puget

REFRAIN

LA CIGALE (chantant).

Bonjour, bonjour, ma voisine,
Il fait froid et j'ai grand faim;
  Un peu de pain,
  Quand je vous tends la main?
Vous ignorez, j'imagine,
Quel est mon triste destin?
  Un peu de pain,
  Quand je vous tends la main?
Pitié, pour moi, ma voisine,
Il fait froid et j'ai grand faim!
Ma voisine, ma voisine,
Oh! rien qu'un morceau de pain?

LA FOURMI.

Jusqu'à ma porte
De cette sorte,
Qui donc ose ainsi s'approcher?

LA CIGALE (avec un geste suppliant, joignant les mains).

C'est moi, Madame,
Moi qui réclame,
Par ma voix, laissez-vous toucher!

LA FOURMI (avec un geste menaçant).

Non, non, fuyez bien vite,
Sans un seul mot ajouter;
Arrière, la visite!
Je ne puis vous écouter.

REFRAIN.

Allez, allez, ma voisine,
A d'autres, tendez la main.
   Lorsqu'on a faim
  Il faut gagner son pain!
Vous voilà triste et chagrine,
Vous accusez le destin,
Mais c'est en vain,
Passez votre chemin!

LA CIGALE (joignant les mains).

Pitié, pour moi, ma voisine,
Il fait froid et j'ai bien faim!
Ma voisine, ma voisine!
Oh! rien qu'un morceau de pain!

LA FOURMI (les deux mains sur les hanches).

  Quand riche et belle,
  Moisson nouvelle,
S'offrait à vous, que faisiez-vous?

LA CIGALE.

  Que tout s'apaise!
  Ne vous déplaise,
Je chantais!.. C'est plaisir si doux!

LA FOURMI (ricanant).

Ah! ah! j'en suis bien aise,
Vous chantiez? C'était charmant!
  Que votre voix se taise,
Vous danserez maintenant.
Allez! allez, ma voisine,
A d'autres, tendez la main,
   Lorsqu'on a faim,
  Il faut gagner son pain!

LA CIGALE (baissant la tête.)

Je reste triste et chagrine,
Pour moi, quel affreux destin !
Mourir de faim,
Seule sur le chemin !
(Elle fait mine de s'en aller et revient.)

ENSEMBLE (vivement).

Mais, nous pouvons, ma voisine,
En terminant ce refrain,
Pour un instant j'imagine,
Ce soir, nous donner la main.

(Elles saluent et sortent.)

(*La toile se baisse.*)

UN VOYAGE AU TYROL

COMÉDIE EN 2 ACTES

PERSONNAGES

Milord ROBERTSON, 12 ans.
Miss DORA, sa fille, 8 ans.
TONIO, paysan tyrolien, 9 ans,
MINA, paysanne tyrolienne, sa femme, 7 ans.
WILHELM, employé de la gare, 8 ans.
Voyageurs, enfants, paysans et paysannes, figurants.

UN VOYAGE AU TYROL

PREMIER ACTE

La scène se passe dans la salle d'une petite gare. On verra des banquettes avec des boîtes à chapeau, des sacs, des malles, à droite et à gauche. Sur les murs, des affiches coloriées représentant des vues de pays de montagne. Au moment où la toile se lèvera, passera un groupe de voyageurs arrivant, à la file, par une porte, devant un employé qui prendra les billets. Les voyageurs figurants pourront être aussi nombreux que l'on voudra. Ils seront chargés de manteaux, de paquets, de parapluies, de sacs, etc., etc.

SCÈNE PREMIÈRE

WILHELM, MILORD ROBERTSON, MISS DORA

WILHELM (criant).

Par ici la sortie, messieurs les voyageurs! (A l'Anglais, qui arrive le dernier, portant une quantité de bagages, une lunette d'approche, des cartons de dessin, une boîte à herborisation, un paquet de couvertures, etc., etc., en un mot chargé autant que possible.) Pressez-vous, monsieur, s'il vous plaît!

MILORD (se retournant, accent anglais très prononcé).

Oh! yes! j'ai perdu mon fillo! (Il appelle:) Dora! Dora! (Il retourne en arrière.)

WILHELM.

Monsieur, monsieur, votre billet? Vous cherchez quelqu'un?

MILORD.

Yes! yes! Mon fillo! Miss Dora!

WILHELM.

Mais où est-elle? Vous n'étiez pas ensemble?

MILORD.

Ensemble, yes! Miss Dora il était pâati pour chercher son petite compagnonne!

WILHELM.

Ah! bien! Ces deux jeunes demoiselles sont restées en arrière, alors? Je vais voir!...

MILORD.

No, no, cé n'été pas ounc demoiselle, oh! shoking! Ce été ounc jolie petite bête que mon fillo il aimait biaucoup fort, et il été (il montre avec le doigt,) vous savez, là-haut, dans les petites bagages du train...

WILHELM.

Comment, une petite bête? Un chat ou un chien, je parie!... Mais c'est absolument défendu de placer ces animaux dans le compartiment des voyageurs...

MILORD (revenant).

Ah! voilà mon fille. Je présenté à vous Miss Dora, monsieur le chef du station!

MISS DORA (tenant à la main une cage avec une perruche et une quantité de bagages).

Mon père, je suis véritablement châamée de ce pays... je trouvé loui, très joli... véritablement!

WILHELM.

Monsieur me fait bien de l'honneur, je ne suis que l'employé. Votre billet, mademoiselle? C'est cet oiseau-là que vous aviez oublié dans le train!

MISS DORA.

Yes! yes! C'est mon petite perruche, une gentille compagnonne qui ne me quitté jamais, ni le jour, ni la nuit, je déclaré cela à vos!!!

WILHELM (stupéfait).

Ah!.. Monsieur et mademoiselle ont-ils des bagages?

(Dora s'avance et regarde avec attention une des affiches collées au mur).

MILORD.

Oh! yes! beaucoup de bagages!... Où sont les employés pour emporter sur le voiture, le omnibus?...

WILHELM.

Monsieur, nous n'avons ni omnibus, ni employés ici; c'est une très petite station où les étrangers ne s'arrêtent pas ordinairement.

DORA.

Mon père, venez admirer ce paysage siouperbe!! (A l'employé.) Monsieur, c'est le Tyrol, n'est-ce pas? Quelle vallée, s'il vous plaît?

WILHELM.

Celle-ci, la nôtre, mademoiselle, justement!

DORA (joignant les mains).

Oh! quel bonheur! Je suis enchantée! Je voudrais tant entendre une petite tyrolienne, moi apprendre ensouite facilement le miousique. Mon père, demandez à monsieur l'adresse pour entendre chanter une petite tyrolienne.

WILHELM (riant).

Ma foi, ce sera facile de vous contenter, ici, tous nos montagnards chantent des tyroliennes.

MILORD.

Alors, monsieur, il me resté à remercier vôs biaucoup fort, de votre amabilité. Je demandé à vôs l'indication d'un hôtel confortable? Mon fille il tené biaucoup au confortable, moâ aussi et le petite perruche aussi, òh! yes!

WILHELM (se grattant l'oreille).

Ma foi, un hôtel comme vous le voulez, c'est assez difficile à trouver... Pour dire vrai, il n'y en a pas...

MILORD et DORA (s'exclamant).

Aoh! aoh! c'est terrible!

WILHELM.

Attendez, je vais vous montrer, depuis la gare, un petit chemin qui vous conduira tout droit *Au Bon Tyrolien,* on vous recevra là, très bien...

MILORD.

Écrivez, mon fille (Dora prend un calepin.) *Au Bon Tyrolien!*

WILHELM.

Vous trouverez du lait excellent, des œufs frais, du pain noir et des lits très propres...

DORA.

Oh! yes, cela été très champêtre!

WILHELM.

Et ça ne vous coûtera pas cher!

MILORD.

Parfaitement. Mon bourse il été contente alors!

WILHELM.

Et l'on vous chantera des tyroliennes tant que vous voudrez.

DORA.

Mon père, vous payez pour le tyrolienne... C'est châarmant!

WILHELM.

Ne vous inquiétez pas de vos bagages; c'est moi-même qui vous les porterai sur une charrette dans quelques instants. (Il les accompagne jusqu'à la porte de la salle.) Vous voyez d'ici, au pied de la montagne, cette maison aux volets verts, c'est là. Vous apercevrez, en approchant, l'enseigne *Au Bon Tyrolien* qui représente un de nos montagnards en costume du dimanche.

MISS DORA.

C'est paafait; mais je souis surprise de voir que tous les voyageurs sont disparus?...

WILHELM.

C'est qu'on ne s'arrête guère ici, mademoiselle. Ils n'ont fait que changer de train.

MILORD.

Alors, miss Dora, vous pourrez dire que nous avons voyagé en touristes, véritablement.

MISS DORA.

En touristes! Et mon perruche il été aussi oune petite touriste! Oh! yes! C'est chàamant! (Elle tend la main à Wilhelm et la secoue à l'anglaise.) A tout à l'heure, Monsieur le chef du station!

MILORD (secouant la main à Wilhelm de la même façon).

Miss Dora a raison, monsieur le chef du station, à tout à l'heure!

(Ils disparaissent par la porte).

WILHELM (s'incline et revient dans la salle où il charge de bagages une petite brouette).

Ils y tiennent! Me voilà chef de station! Sont-ils originaux ces Anglais! C'est égal, voilà du pain bénit pour mon cousin Tonio. Jamais on n'aura vu de pareils hôtes au *Bon Tyrolien*. Il faut que j'avertisse Mina, ma jolie cousine, de ne pas se faire prier pour chanter! Ma foi! c'est notre bien à nous, ça! Un beau pays et des chansons!... En voilà, en voilà des bagages! Je suis sûr qu'il y aurait là dedans de quoi meubler notre village. (Il s'essuie le front après avoir déposé la dernière malle.) Ouf! Allons, en route pour le *Bon Tyrolien*! (Il pousse la brouette vers la porte.)

(*La toile se baisse.*)

FIN DU PREMIER ACTE

DEUXIÈME ACTE

SCÈNE PREMIÈRE

La scène représente l'intérieur d'un chalet ; une sorte de cuisine, assez vaste et très propre. De longues pipes suspendues au mur. Le portrait d'un chasseur, avec chapeau tyrolien sur l'un des panneaux. Au milieu, une table de sapin blanc avec des pots de lait. Dans le fond, un lit, avec des rideaux à carreaux rouges, Mina entrera par la porte du fond au moment du lever du rideau. Elle portera un joli costume de paysanne du Tyrol : corselet noir, jupe de couleur, tablier blanc en mousseline, longues nattes. Son chapeau de paille sera suspendu à la fenêtre. Grande horloge sur un des côtés.

MINA (seule, tenant un pot de lait).

Voilà le sixième pot, ni plus ni moins! (Elle pose le pot à côté des autres et compte avec son doigt.) Un, deux, trois, quatre, cinq et six. J'ai beau compter et recompter, cela ne fait pas un de plus. Chaque mesure de lait se vend trois sous et chacun de ces pots contient quatre mesures, ce qui donne douze sous. Nous avons à vendre six pots de lait par jour, ce qui fait que nous gagnons trois francs et douze sous, c'est clair! Il n'y a pas moyen d'arriver à quatre francs! (Elle écrème ses pots de lait et dépose la crème avec précaution dans un petit saladier). La crème que je vends à part, chaque semaine, vient encore ajouter quelques sous à nos petits bénéfices, mais tout cela ne rend pas beaucoup d'argent. Ah! c'est que, quand on a quatre enfants, il faut tant de choses! (Elle va à une armoire.) Si je recomptais mes économies, il y a pourtant un mois que je n'ai rien pu y ajouter. (Elle retire de l'armoire un bas de laine bleue qui contient quelques pièces blanches et quelques sous.) Voyons : un franc, deux francs, trois francs et puis cette pièce de deux francs, cela fait cinq francs. (Elle calcule à voix basse.) Ces dix pièces de dix sous, cela fait encore cinq francs. Cinq francs et cinq francs font dix francs. Dix francs! C'est tout, et quelques sous en plus. (Elle réfléchit en appuyant sa joue sur sa main.) Samedi prochain, je voulais aller au grand marché du bourg pour faire mes emplettes : j'ai besoin d'une paire de souliers pour chaque enfant, mon pauvre Tonio n'a plus de chemises, sans compter que je n'ose plus me montrer le dimanche à notre église, tant ma jupe rouge est usée!... Mais tout cela coûtera plus de dix francs. (La porte s'entr'ouvre et l'on voit apparaître la tête de milord Robertson.) Oh! mon Dieu! Qui vient là? Au secours! (Elle rentre précipitamment l'argent dans le bas et le cache sous son tablier.)

SCENE II

MINA, MILORD ROBERTSON, MISS DORA

MILORD ROBERSTON (s'avançant vers Mina le chapeau à la main).

Je demandé pardon à vos, je n'avais personne pour présenter moa! (A sa fille.) Dora, ma chère, expliquez à Madame.

MISS DORA (s'avançant en souriant).

Madame, nous sommes des... des voyageurs... Oh! yes! des touristes et nous venons admirer le belle natioure du Tyrol...

MINA (à part).

Je crois que ce sont des Anglais! (Haut.) Mademoiselle, Monsieur, entrez et reposez-vous chez nous. Le soleil couvre la montagne, à cette heure il fait bon être à l'abri.

MISS DORA (regardant autour d'elle, puis, se penchant vers les pots de lait).

Oh! c'est chàamant cette petite chalet, et voilà du lait qui devait être paafaite?

MINA.

Vous allez en goûter, Mademoiselle, cela vous rafraîchira. Monsieur boira peut-être de la bière?

MILORD ROBERTSON (se frottant les mains).

Yes! Yes! J'accepté le bière, cela est très bon pour le chaleur.

MINA (arrangeant des tasses et des verres sur une petite table)

Je vais vous installer ici. Si Monsieur et Mademoiselle voulaient se débarrasser de leurs chapeaux, de leurs bagages et mettre tout là, sur mon lit, pendant que je vais à la cave... (Elle va vers la fenêtre.) Je suis étonnée que Tonio ne soit pas encore entré?

MISS DORA (enlevant son chapeau).

Qui est ce Monsieur Tonio?

MINA.

C'est mon mari, Mademoiselle! Oh! un brave homme, allez! et le premier chasseur du pays... Seulement, le gibier devient rare à présent!... Allons, je vais à la cave. (Elle prend un panier, une grosse clef et s'arrête devant la cage que l'Anglaise tient encore à la main). Et cette jolie petite bête que vous avez en cage, il ne faut pas l'oublier. Je vais lui donner de l'eau fraîche.

8

SCÈNE III

MILORD ROBERTSON, MISS DORA

MISS DORA (après avoir posé la cage sur la table, se met à boire du lait).

Mon père, je suis véritablement dans le ravissement! Cette jeune fermière tyrolienne est chaamante. Vous avez entendu, elle avait une amabilité extrême pour mon perruche. Oh yes! cela me plaisait biaucoup fort! (On entend au dehors siffler une tyrolienne.) Mon père, écoutez le voilà le jolie chanson du pays! le voilà!... Bravo! bravo! (Elle frappe dans ses deux mains.)

SCÈNE IV

LES MÊMES, TONIO, LES ENFANTS

TONIO (entrera avec un enfant à cheval sur son dos et un autre à la main. Les deux autres le suivront. On prendra des enfants très jeunes de préférence.)

TONIO.

Ah! (étonné) Salut, la compagnie! (Il cherche autour de lui.) Tiens, ma femme n'est pas là?...

MILORD ROBERTSON (se levant).

Nous étions, Monsieur, des voyageurs, des touristes... Madame le fermière, il était dans le cave pour chercher le bière pour offrir à moa et à miss Dora.

TONIO (à part).

Tiens, ce sont des Anglais! (Haut.) Très bien, Monsieur et Madame! Tout ce qui est ici est à votre service. (Il pose l'enfant qu'il porte par terre).

MISS DORA.

Oh! les chaamants enfants. (Elle se baisse pour embrasser le plus petit qui se sauve, et court se réfugier dans les jupes de sa mère au moment où celle-ci rentre portant la bière.) Vraiment il a eu peur, c'est terrible!... Venez, petite gaaçon, embrassez moa!

MINA (posant sa bière sur la table).

C'est un petit sauvage, Mademoiselle! il n'est pas habitué à voir de belles dames chez nous! (A son mari.) Je te croyais à la chasse, Tonio?

TONIO.

Non, j'ai été faire un brin de causette chez le garde Frantz, et puis le temps a passé, j'y ai laissé mon fusil pour aller chercher les enfants à l'école... J'ai pensé que c'est samedi et que tu devais être très occupée avec ton lait.

MINA.

Mon bon Tonio! Merci. C'est vrai, cela me rend bien service. (Bas à Tonio.) Si j'avais été sortie, nous aurions manqué cette belle visite! (Haut.) Si tu versais la bière à Monsieur, Tonio? Moi, je vais m'occuper de l'oiseau de Mademoiselle. C'est un perroquet, je crois? (Elle pose la cage sur un coffre, tous les enfants arrivent et l'entourent anxieusement).

MISS DORA.

No, no. C'est une perruche, moa expliqué cela à vos : c'est un petite femme de perroquet.

MINA (riant).

Ah! je comprends!...

MISS DORA.

Vous chantez le tyrolienne, Madame le fermière, je crois?

MINA.

Si je chante? Oh... (Elle s'arrête.) Qui vient là? J'entends comme une brouette?

SCÈNE V

LES MÊMES, WILHELM

WILHELM (il entre en s'épongeant).

Ouf! C'est le soleil des canicules!

MILORD ROBERTSON.

Voilà Monsieur le chef de station!

MISS DORA.

Mes chères petites bagages!

WILHELM.

Bonjour, cousin! bonjour cousine! Vous avez du monde, je vois! C'est moi qui vous ai envoyé Monsieur et Mademoiselle, et voici leurs bagages que j'apporte. (Bas à Mina.) Il faut chanter si tu veux leur faire plaisir...

MINA.

Chanter quoi? Je ne sais plus rien.

WILHELM (bas).

La chanson du pays, une tyrolienne, pardi! C'est un coup de fortune pour toi.

MISS DORA (s'approchant de la perruche).

Oh! je souis vraiment très heureuse, mon petite perruche, il était soignée comme une lady! Il manqué à moa une seule chose pour être tout à fait satisfaite.

MILORD ROBERTSON.

Oui, je sais, Dora, ma chère, vous désirez entendre chanter, n'est-ce pas, cette jolie chanson très... très pittoresque, vous savez, Monsieur le chef de station, vous avez promis à ma fille?

WILHELM.

Mais oui, certainement. Mina, chante donc pour donner une idée à Monsieur et à Mademoiselle de nos airs du pays.

MINA (debout, chante).

Commence avec moi, Tonio?

TONIO et MINA (chantant. Pendant qu'ils chantent, les enfants entourent la cage. Les Anglais écoutent en buvant le lait e la bière. Wilhelm reste debout une valise dans chaque main).

TONIO ET MINA (ensemble).

Tyrol, ô ma patrie, (1)
Tyrol, charmant séjour,
A toi, toute la vie,
Mes vœux et mon amour.

MINA.

Loin de toi, l'espérance
Sera mon seul bonheur;
Seule ta souvenance
Réjouira mon cœur.

(Ensemble.)

Ah! Tyrol, etc., etc.

(1) *Tyrol*, en vente chez Pinatel, 18, Faubourg Poissonnière, Paris.

TONIO.

L'enfant de tes montagnes
Ne peut aimer que toi;
Ailleurs, nulles campagnes
N'éveillent son émoi.

(Ensemble):

Ah! Tyrol, etc., etc.

WILHELM.

Vers un lointain rivage
Le sort me fait courir...
Ah! loin de mon village
Me faudra-t-il mourir?

(Ensemble):

Ah! Tyrol, etc., etc.

MISS DORA et MILORD ROBERTSON (applaudissant).

Hipp! hipp, hurra! C'est très joli! C'est vraiment chaamant!...

MISS DORA.

Oh! mon père vous permettez à moi rester ici pour apprendre cette petite refrain. Je voulais surprendre le Angleterre plus tard...

MILORD ROBERTSON (à Tonio).

Est-ce qu'il y aurait possibilité de loger nous ici pendant quelques jours?

TONIO (regardant Mina).

Peut-être, dis, Mina?

MINA.

Nous n'avons que deux petites chambres blanchies à la chaux, sans meubles!... Je n'oserais pas vous les offrir, Mademoiselle.

MISS DORA.

Si, si offrez! Il y a tout ce qu'il faut dans nos bagages pour les rendre confortables, n'est-ce pas, mon père?

MILORD ROBERTSON (tendant une bourse).

Voilà pour les frais de l'hospitalité, pour donner à Miss Dora et à moa, pendant huit jours, du lait, du beurre, des œufs, du fromage.

WILHELM (à part).

A la bonne heure, c'est ce que j'attendais. (Haut.) Alors, cousin Tonio, aide-moi, nous allons monter les bagages. (Ils se chargent tous les deux de paquets et de valises.)

MISS DORA (prenant deux enfants par la main).

Allons, petite gaaçon, vous n'aurez plus peur de Miss Dora. (Elle va prendre sa cage.) Mon perruche sera votre petite camarade. Oh! yes! (Elle tient la cage devant elle, les deux enfants se placent de chaque côté; Tonio et Wilhelm, avec leurs bagages se rapprocheront, Milord Robertso également.) Un jour, nous chanterons, aussi, dans le Angleterre, n'est-ce pas, mon père : (Elle chante.)

Tyrol, charmant pétrie,
A vous, mon cœur toujours,
Yes! pour toute la vie,
Vous serez nos amours.

EN CHŒUR.

Tyrol, ô ma patrie, etc.

(Ils saluent.)

(*La toile se baisse.*)

FIN DU DEUXIÈME ET DERNIER ACTE

LA VIELLE ET LA JEUNE ANNÉE

SAYNÈTE EN UN ACTE

PERSONNAGES

VIEILLE ANNÉE, 10 ans.
JEUNE ANNÉE, 8 ans.
  PETITS GARÇONS et PETITES FILLES, 6 à 7 ans.

LA VIEILLE & LA JEUNE ANNÉE

Une petite fille habillée en vieille, courbée en deux, un bâton à la main, représentera la vieille année; une autre petite fille habillée en rose, pimpante et réjouie, portant un panier rempli de jouets, avec l'inscription : *Étrennes*, représentera la nouvelle année. Sur le jupon, ou dans la coiffure de chacune, on pourra glisser les dates qu'elles représentent. Sur la scène, plusieurs petits garçons et petites filles seront assis devant une table placée, de chaque côté, se faisant face. Ils seront diversement occupés, les uns, à écrire, les autres à de petits ouvrages de tapisserie ou de tissage.

SCÈNE PREMIÈRE

PETITES FILLES, PETITS GARÇONS

Une petite fille (bâillant).

Que ces lettres du jour de l'an sont assommantes!

Avez-vous fini les vôtres? Moi, j'ai à peine commencé la mienne et je ne sais plus quoi dire!

UN PETIT GARÇON.

Oh! moi, je n'ai heureusement pas de lettres à faire! Je n'ai qu'à relire mon compliment pour papa et pour maman, puisque je le sais déjà!

UNE PETITE FILLE.

Moi, j'ai encore quelques points à terminer aux pantoufles de mon oncle, et j'aurai fini.

UN PETIT GARÇON.

Oh! mais c'est étonnant, est-ce que la pendule serait arrêtée? Il est plus de onze heures! Non! je l'entends qui fait son tic-tac habituel.

UNE PETITE FILLE.

Mon Dieu! si tard! On nous a oubliés, bien sûr! Papa et maman sont sortis et notre bonne Mariette s'est endormie à la cuisine!

UN PETIT GARÇON.

Nous ne pourrons pas nous lever de bonne heure, demain matin, pour aller souhaiter la bonne année à papa et à maman.

UNE PETITE FILLE.

Mais regardez donc, l'aiguille approche de minuit. J'ai entendu dire, qu'à cette heure-là, la vieille et la nouvelle année se rencontrent ; si nous allions les voir, ce serait curieux !

UN PETIT GARÇON.

Chut ! Entendez-vous ? on marche ! On dirait quelqu'un qui s'avance avec une jambe de bois.

SCÈNE II

LES MÊMES, LA VIEILLE ANNÉE, puis LA JEUNE ANNÉE

LA VIEILLE ANNÉE (s'approchant péniblement).

Oh ! la ! la ! je n'en peux plus !... J'ai les jambes brisées, le dos cassé... Oh ! la ! la !...

UN PETIT GARÇON.

Pourquoi êtes-vous donc si fatiguée, Madame ?

LA VIEILLE ANNÉE.

Pourquoi ?... J'ai porté tant de fardeaux, j'ai vu tant de choses ! Ce n'est pas étonnant ! Aussi, je ne suis plus bonne à rien, je suis vieille !... Il faut céder ma place à une autre. (Se rapprochant de la scène d'un air mystérieux et levant un doigt vers la pendule) : Tout à l'heure, quand minuit sonnera, la vieille année 189... vous fera ses adieux, et la jeune année 189... se présentera à vous pour la première fois.

UNE PETITE FILLE (aux autres enfants).

Vous voyez, c'est vrai ce que je disais tout à l'heure!

LA VIEILLE ANNÉE (toussant).

Hum! je ne devrais guère l'aimer, moi, cette jeunesse qui va prendre ma place. Mais bah! Chacun son tour en ce monde. Il n'y a que les petits esprits et les petits cœurs qui connaissent l'envie et la jalousie. Nous allons donc nous rencontrer ici tout à l'heure, le temps d'échanger quelques paroles. (On entend, dans la coulisse, fredonner un air joyeux).

LA JEUNE ANNÉE (s'avançant, sur un côté de la scène, sans voir la vieille année).

Je vais rencontrer probablement cette pauvre vieille 189..! Elle doit être toute ratatinée! Mais je ne veux pas rire! Mon tour viendra d'être comme elle, et puis, on doit respecter la vieillesse. (Apercevant la vieille année.) Ah! madame (1) *Quatre-vingt-quatorze* je suis enchantée de vous voir! (Elle fait la révérence.)

LA VIEILLE ANNÉE.

Bonjour, madame *Quatre-vingt-quinze!* Ravie de faire votre connaissance. (Elle fait la révérence.) Eh bien! qu'apportez-vous à ces enfants?

LA JEUNE ANNÉE.

Voyez, des étrennes d'abord! Mon panier en est rempli, et, ensuite, je l'espère, tout ce qu'ils me

(1) Changer le millésime suivant les circonstances.

demanderont et que je pourrai leur donner. Mais vous, ils vous regrettent, sans doute? Vous avez dû les rendre très heureux?

LA VIEILLE ANNÉE.

Je ne sais trop!... J'ai essayé... j'ignore si j'ai réussi? Tenez, je vais le leur demander, ce sont eux qui vous répondront. (S'adressant aux enfants :) Petite fille, vous, répondez la première, l'année 189... qui vous quitte, a-t-elle été une bonne année pour vous?

LA PETITE FILLE.

Mais oui! Vous m'avez donné un beau petit frère que j'aime bien mieux que ma poupée et j'ai été marraine!

LA VIEILLE ANNÉE.

Alors vous êtes contente de moi! Et vous, petit garçon, êtes-vous du même avis?

UN PETIT GARÇON.

Oh! non! Dès votre venue je suis tombé dans les escaliers, j'ai eu le bras cassé et j'ai été si malade qu'on m'a fait rester au lit pendant plusieurs semaines! Je n'ai pu aller en vacances, à Pâques. Quelle triste année pour moi!...

LA VIEILLE ANNÉE (hochant la tête).

Hélas! ce n'est pas de ma faute! Et vous, petite fille, là-bas, à l'autre bout, que dites-vous de moi?

UNE PETITE FILLE.

Oh! moi, je vous aime beaucoup! Papa a eu une belle médaille d'honneur à une exposition en Amérique; aussi, il dit tous les jours qu'il faut garder bon souvenir de vous.

LA VIEILLE ANNÉE.

Allons! voilà qui me console!

UN TOUT JEUNE ENFANT.

Moi, je ne vous aime pas! Vous êtes cause que j'ai eu mon pain sec, à goûter, presque tous les jours. Maman n'avait pas pu faire de confitures, parce que les fruits étaient trop chers!

LA JEUNE ANNÉE (riant).

Ah! c'est bon à retenir!... A mon tour, je voudrais savoir si vous m'aimerez? Vous ne me connaissez pas encore, mais voyez tout ce que je vous apporte!

UNE PETITE FILLE.

Des étrennes! Quel bonheur! Madame *Quatre-vingt-quatorze* nous en avait apporté aussi. Tâchez, au moins, que tout le monde soit content!

UNE PETITE FILLE.

N'oubliez pas papa et maman, madame *Quatre-vingt-quinze!*

UNE AUTRE PETITE FILLE.

Moi, je voudrais que vous apportiez, à maman, la

maison de campagne qu'elle désire tant acheter, pour nous y conduire le dimanche!

UN PETIT GARÇON.

Faites que papa gagne assez d'argent pour m'emmener, cette année, à Paris.

UNE PETITE FILLE.

Ne manquez pas de nous envoyer le soleil pour nos jours de congé. Il a plu si souvent l'année dernière, toutes nos promenades ont été manquées!

UNE PETITE FILLE.

Moi, je voudrais que vous mettiez un peu d'argent dans la bourse de tout le monde, afin qu'il n'y ait plus de pauvres et que tous les petits enfants puissent avoir des étrennes.

LA JEUNE ANNÉE (à la vieille année).

J'aurai de la peine à répondre à tant de demandes! (Aux enfants) Les vœux des petits enfants aimables et généreux sont souvent exaucés, mais les années, voyez-vous, ont toutes de bons et de mauvais jours.

LA VIEILLE ANNÉE.

Il ne faut pas nous en vouloir quand vous n'êtes pas contents. C'est Dieu qui nous envoie. (Montrant le ciel.) Aussi, c'est là-haut qu'il faut adresser vos petits chagrins et vos grands désirs. (Regardant la pendule) Minuit va sonner! (Chantant :)

Air : *Marie tremp' ton pain.*

Plus que quelques pas, (*bis*)
Un dernier regard en ce monde,
Plus que quelques pas, (*bis*)
Et pour moi viendra le trépas.
   Dans le bruit qui gronde,
   Sur la terre ronde,
     J'avais mon tour,
     Un dernier jour
   M'emporte sans retour. (Elle sort.)

LA JEUNE ANNÉE.

Elle est partie. Pauvre année *Quatre-vingt-quatorze!* Et moi je commence à vivre! Petits enfants, souvenez-vous de ce qu'elle a dit, mais en attendant.

Quel heureux moment, (*bis*)
D'arriver ainsi jeune et belle!
C'est un doux moment, (*bis*)
Oui, mon sort est plein d'agrément.
   Chaque voix m'appelle
   Et je renouvelle
     Le cher espoir;
     On veut savoir
   Quel sera mon pouvoir.

TOUS LES ENFANTS (entourant la jeune année).

Donnez-nous de belles étrennes, pour commencer, *Madame Quatre-vingt-quinze?* Nous prendrons ensuite les jours comme ils viendront en nous rappelant ceci :

TOUS.

Tour à tour les ans, *(bis)*
Nous apporteront mille choses,
Tour à tour les ans, *(bis)*
Nous ramèneront le printemps.
 Puis, des jours moroses,
 D'autres gais et roses;
  Tout passe ainsi,
  Joie et souci;
Disons à tout : Merci!

(Ils saluent et sortent).

(La toile se baisse.)

LES PETITS PEUREUX

COMÉDIE EN 1 ACTE

PERSONNAGES

ROBERT, 5 ans.
JULIETTE, 6 ans.
LA MÈRE, 10 ans.

LES PETITS PEUREUX

La scène représentera une chambre, au milieu de laquelle Robert et Juliette s'amuseront. Le petit garçon se balancera sur un cheval de bois, à bascule, il sera coiffé d'un chapeau de papier surmonté d'un plumet. Juliette, affublée d'un grand bonnet, avec un tablier devant elle, dressera le couvert sur une petite table, autour de laquelle seront rangées plusieurs poupées.

SCÈNE PREMIÈRE

Robert (levant son chapeau en l'air et se balançant).

Salut! mes braves soldats... (A sa sœur.) Eh bien, Juliette! est-ce que je n'ai pas l'air d'un vrai général? Que dis-tu de mon costume, de ma tournure?

Juliette (s'arrêtant, une petite casserole à la main, considère son frère un instant).

Oui, c'est ça; tu ressembles un peu à notre oncle

qui est général pour tout de bon... mais seulement ton chapeau est en papier et puis.... je ne vois pas tes troupes?...

ROBERT. (Il montre les poupées).

Mes troupes, les voilà! bien rangées en bataille, encore!... Si tu veux, je te nommerai colonel d'un régiment.

JULIETTE (riant et continuant à placer des assiettes sur la table).

Merci! J'aime mieux faire ma cuisine et m'occuper de mon petit ménage. Quant à mes poupées, elles n'ont pas envie d'aller à la guerre.

ROBERT.

Ah! ah! je vois ce que c'est, vous avez peur! Toutes les filles sont comme ça! Mais moi, je suis un homme, je suis brave! (Il lève son petit sabre en l'air.) Tiens! si je voyais un ennemi des Français, je lui abattrais la tête!... un animal féroce,... je le traverserais de part en part!...

JULIETTE.

Chut! ne parle pas d'animal féroce; tu sais qu'il y a des loups, tout près d'ici. On dit même qu'ils sont entrés dans les rues de la ville, cette nuit. On a reconnu les marques que leurs pattes ont laissées sur la neige.

ROBERT (descendant de son cheval et se rapprochant de sa sœur).

Des loups! oui, c'est vrai; papa le disait, hier soir, à maman, pendant le dîner.

JULIETTE.

C'est ce grand froid qui les a amenés. Moi j'ai lu une histoire où l'on racontait qu'un loup était entré dans une pauvre cabane où se trouvaient deux enfants, une toute petite fille endormie dans son berceau et puis son frère, un garçon à peu près de ton âge. Le loup s'élançait pour dévorer la petite fille, mais le grand frère lança son sabot à la tête du terrible animal, puis, il se jeta sur lui, armé d'un couteau qu'il lui enfonça dans la gueule. En même temps, il appelait au secours. Un bûcheron, qui l'entendit, accourut et le délivra du loup qu'il assomma à coups de hache. Mais, sans le courage de ce jeune garçon, la petite fille aurait été sûrement dévorée par le loup. C'est comme cela que tu me défendrais aussi, n'est-ce pas, si un loup venait me menacer?

ROBERT. (Il remonte sur son cheval).

Oh! oui, seulement, vois-tu, l'histoire que tu racontes s'est passée il y a bien longtemps, et je ne pourrai jamais faire comme le petit garçon dont tu parles...

JULIETTE.

Et pourquoi?

ROBERT.

Parce qu'il n'existe plus de loups que dans les contes, va! Tu n'en verras jamais, ni moi non plus!...

JULIETTE (secouant la tête).

Pourtant le journal que papa lisait hier au soir!... Enfin! j'aime mieux penser à autre chose. Tiens, voilà ma table mise, je t'invite à la dînette des poupées.

ROBERT.

Hum! pour un général!... Mais bah! je ne suis pas fier, moi! Qu'est-ce qu'on y mange à ta dînette?

JULIETTE.

Des brioches et du chocolat!

ROBERT (descendant précipitamment de son cheval).

Ça me va, alors!

JULIETTE. (Elle l'installe à un bout de la table et se place à l'autre).

Tu vois, je te mets à la place d'honneur. (Ils commencent à manger en trempant un bout de brioche dans une tasse de chocolat.)

ROBERT.

C'est très bon! ma foi! (Regardant autour de lui.) Mais comme il fait nuit tout à coup! Les jours sont courts, dans cette saison! Si nous allumions une bougie.

JULIETTE.

Oh! maman ne veut pas que nous touchions aux allumettes, tu sais? D'ailleurs, il n'y a ici ni bougie, ni allumettes. Nous n'avons pas besoin de voir si clair pour manger!...

ROBERT.

C'est égal, moi, je n'aime pas l'obscurité. On ne sait ce qu'on aperçoit dans l'ombre! Oh! qu'est-ce qui remue, là?

JULIETTE (se levant effrayée).

Où donc?

ROBERT (montrant avec son doigt).

Dans le coin de la cheminée! Il me semble voir sur le mur une tête s'agiter... une tête avec deux oreilles...

JULIETTE.

Mon Dieu! tu me fais peur!...

ROBERT (se réfugiant près de sa sœur).

Puisque le journal a dit qu'il y avait eu des loups en ville hier, il pourrait bien s'en être introduit un ici... Oh! mais, c'est une tête énorme; elle s'avance de plus en plus... Juliette!

JULIETTE.

Ne tire pas si fort; tu m'arraches ma robe!

ROBERT.

Oh! je ne reste plus ici! Sauvons-nous! (Ils font un mouvement pour sortir; la porte s'ouvre derrière eux.)

SCÈNE II

LES MÊMES, LA MÈRE

LES DEUX ENFANTS (ensemble sans voir leur mère).

Au secours! sauvons-nous!

LA MÈRE (les arrêtant).

Eh bien! Qu'est-ce donc, mes enfants? Que vous arrive-t-il? Pourquoi vous sauvez-vous?

LES ENFANTS (embarrassés).

Maman, c'est que nous avons vu... nous avons cru voir, là!...

LA MÈRE (regardant).

Là! quoi donc?

ROBERT.

Un loup!

LA MÈRE.

Un loup?...

JULIETTE.

Oui, maman, un loup! Vous vous rappelez, hier soir, papa disait que le froid les avait amenés dans les rues, il n'y a rien d'étonnant.

LA MÈRE (riant).

Ah! mes pauvres enfants! (Elle les prend par la main.) Et vous avez pu penser que les loups entraient ainsi dans les maisons! Petits peureux que vous êtes! Allons, allons! rassurez-vous. Ici, auprès de vos parents, vous serez toujours à l'abri. Un de ces jours, je vous conterai l'histoire du loup et de ses habitudes et vous verrez qu'il est bien trop lâche pour se hasarder à entrer ainsi dans une maison habitée. Quant aux loups qui se sont montrés dans le pays, on leur fait la chasse, de tous côtés, et l'on s'en débarrassera bien vite. Vous pouvez être sans crainte. Savez-vous qui il faut plaindre? Ce sont les petits enfants errants, vagabonds, sans père ni mère, pour veiller sur eux; ceux-là sont exposés à mourir de faim, de misère, ou à être dévorés par quelque animal féroce. Mais il y a d'autres loups encore que ceux auxquels vous pensez, et qui me font peur pour vous.

JULIETTE ET ROBERT.

Lesquels, maman?

LA MÈRE.

Ce sont, ma chère Juliette, les petites filles coquettes et vaniteuses; celles qui ont le cœur sec et ne s'apitoient jamais sur aucune misère. Ce sont encore, mon cher Robert, les mauvais sujets, les petits garçons menteurs qui trompent leurs parents, leurs maîtres, ces vilains enfants qui pourraient être tes amis, et t'entraîneraient à faire comme eux.

ROBERT.

Mais, maman, ce ne sont pas des loups; pourquo les appelez-vous ainsi?...

LA MÈRE.

C'est une manière de dire... les mauvais compagnons sont des loups dangereux qui dévoreraient, par leur contact, les précieuses qualités que Dieu a mises dans votre cœur, mes chers enfants.

JULIETTE.

Oh! maman, nous ne voulons pas les écouter; mais comment les éviter, s'ils nous suivent, s'ils s'attachent à nous?

LA MÈRE (les prenant tous deux par le cou et les serrant contre elle).

En restant près de moi, mes chers enfants; car, rappelez-vous toujours bien ceci : *Il n'y a ni loups ni danger d'aucune sorte, pour les enfants protégés par leur mère.*

(*La toile se baisse*).

LES PETITS SAVOYARDS

COMÉDIE EN 3 ACTES

PERSONNAGES

CLAUDINE, mère de François et de Mariette, 10 ans.
MARIETTE, 8 ans.
FRANÇOIS, petit ramoneur, 9 ans. } Enfants de Claudine.
Monsieur DANIEL, artiste peintre, 10 ans.
CHARLOTTE, fille du précédent, 6 ans.

LES PETITS SAVOYARDS

PREMIER ACTE

La scène représentera l'intérieur d'une chaumière de la Savoie. Claudine, en costume de paysanne, bonnet en forme de galette, croix à la Jeannette au cou; François et Mariette, costumes de petits paysans. Tous les trois autour d'une table achèveront un repas composé de lait et de châtaignes.

SCÈNE PREMIÈRE

CLAUDINE, FRANÇOIS, MARIETTE

CLAUDINE.

Allons! mes enfants, mangez de bon appétit. C'est le dernier repas que vous ferez avec votre mère d'ici longtemps!... Ah! que j'ai donc le cœur gros de vous voir partir, mes pauvres petits!... (Elle pleure en se cachant le visage dans son tablier).

FRANÇOIS (l'embrassant).

Mère, ne pleure pas, tu nous enlèverais notre courage. Regarde, Mariette et moi, nous sommes forts, bien portants, adroits, intelligents. C'est toi-même qui l'as dit souvent. Une fois, à Paris, j'en suis sûr, notre boursicot grossira vite, et, quand nous aurons amassé de quoi acheter une vache, nous reviendrons au pays et nous ne te quitterons plus.

MARIETTE.

Oui, mère, tu verras, nous t'apporterons une étoffe neuve pour remplacer ta robe du dimanche qui est si fanée.

FRANÇOIS.

Nous t'écrirons souvent, nous penserons à toi toujours, toujours, vois-tu. Le soir, quand nous serons rentrés dans notre mansarde, nous nous dirons : « Que fait-elle, notre mère, à cette heure? »

CLAUDINE.

Chers enfants! Oh! oui, je connais votre cœur et je sais bien que vous ne m'oublierez pas. Mais comment ferez-vous pour gagner de l'argent?

FRANÇOIS.

Moi, j'irai ramoner les cheminées; Mariette, avec sa jolie voix, chantera des chansons du pays. Personne ne refusera de lui donner un petit sou quand elle tendra la main. Mais assez causé, n'est-ce pas, Mariette? Il est temps de nous mettre en route; prends ton paquet, petite sœur. (Il prend aussi son paquet qu'il place au bout d'un bâton.)

MARIETTE (son petit paquet à la main).

Embrasse-nous encore une fois, mère! (Ils s'approchent tous les deux).

CLAUDINE.

Que Dieu vous bénisse, mes enfants! Qu'il vous protège! C'est pour votre mère que vous allez travailler, cela vous donnera du courage! Adieu! (Elle les accompagne sur la porte et les regarde disparaître sur la route, puis elle revient).

SCÈNE II

CLAUDINE, SEULE

Ils sont partis!... Me voilà seule, toute seule! Comme la maison va me paraître triste sans eux!... Je ne suis qu'une pauvre femme ignorante, mais Dieu, dit-on, écoute la prière d'une mère; puisque je ne peux rien faire pour eux, à cette heure, du moins, ils auront ma prière. Prions. (Elle se met à genoux devant l'image de la Madone accrochée au mur).

(*La toile se baisse.*)

FIN DU PREMIER ACTE

DEUXIÈME ACTE

La scène représentera une rue de Paris. — François et Mariette marcheront à côté l'un de l'autre. — François sera en costume de ramoneur. Mariette portera une vielle.

SCÈNE PREMIÈRE

FRANÇOIS, MARIETTE

MARIETTE.

Ne vois-tu pas, là-bas, au coin de cette rue, quelqu'un qui te fait signe et t'appelle? François, regarde donc!

FRANÇOIS.

Ah! oui, c'est vrai! C'est encore pour ramoner une cheminée, bien sûr. Ce sera la troisième aujourd'hui! Si ça marche tous les jours comme ça!... Tu vas chanter sur cette place, n'est-ce pas? Je t'y rejoindrai tout à l'heure; moi, je cours où l'on m'a appelé. (Il entre vers la gauche).

SCÈNE II

MARIETTE, puis MONSIEUR DANIEL ET CHARLOTTE

MARIETTE (seule regardant autour d'elle).

Personne! La rue est déserte. Si je commençais à

chanter, cela ferait venir du monde, peut-être. Essayons. (Elle chante).

Air : *Il était une dame Tartine.*

PREMIER COUPLET

De la petite montagnarde,
Venez écouter la chanson.
Quand chacun de vous la regarde,
De frayeur, elle a le frisson!

REFRAIN

Mais c'est pour sa mère
Qu'elle tend la main;
En vous, elle espère,
Après ce refrain!

CHARLOTTE (apparaissant sur l'un des côtés de la scène, donnant la main à son père).

Oh! papa, vois donc, la gentille petite fille! Elle chante!... Écoutons, sans qu'elle nous voie, pour ne pas la déranger.

MARIETTE (chantant).

DEUXIÈME COUPLET

Oui, chez nous, au temps de la neige,
Bien souvent nous manquons de pain.
Beaux Messieurs, que Dieu vous protège!
Puissiez-vous ignorer la faim!

REFRAIN

Mais, c'est pour ma mère
Que je tends la main.
Donnez-moi, j'espère,
Après ce refrain!

(Elle tend la main.)

MONSIEUR DANIEL (s'avançant avec Charlotte et mettant une petite pièce dans la main de Mariette).

Tenez, mon enfant.

MARIETTE (faisant la révérence).

Merci, Monsieur.

CHARLOTTE (avançant la main).

Tenez.

MARIETTE.

Merci, ma petite demoiselle.

MONSIEUR DANIEL.

Quel âge avez-vous, ma petite?

MARIETTE.

J'ai huit ans depuis Noël, Monsieur!

MONSIEUR DANIEL.

Huit ans! (A part.) Mon Dieu! deux ans seulement de plus que ma petite Charlotte! (Haut.) Et vous êtes seule?

MARIETTE.

Oh! non, Monsieur, je suis avec mon frère. Il m'a quittée tout à l'heure pour aller ramoner une cheminée, car il est ramoneur de son métier.

MONSIEUR DANIEL.

Vous êtes, sans doute, orphelins tous les deux?

MARIETTE.

Nous avons notre mère, mais elle est restée dans la Savoie, notre pays, et nous, nous sommes venus à Paris pour gagner un peu d'argent. Ah! voici mon frère qui revient.

SCÈNE III

LES MÊMES, FRANÇOIS

FRANÇOIS (accourant joyeusement et montrant une pièce de vingt sous).

Encore une piécette blanche, petite sœur. Oh! j'ai une chance! (Saluant.) Pardon, excuse! Mon bon Monsieur, ma jolie demoiselle!...

MARIETTE.

Et moi, regarde ce que Monsieur vient de me donner! Si nous avons encore quelques journées comme celle-ci, nous pourrons repartir bientôt dans nos montagnes.

MONSIEUR DANIEL (à part).

Ils sont vraiment charmants, tous les deux! Ils m'intéressent, ces enfants. Si jeunes, gagner leur vie!

Tout seuls, à Paris!... (Haut.) Quelle somme vous manque-t-il encore, mes enfants, pour retourner dans votre pays?

FRANÇOIS.

Oh! Monsieur, nous voudrions avoir trois cents francs, mais nous n'en avons encore amassé que la moitié. Nous les apporterions à notre mère pour acheter une vache. Elle serait si heureuse!

CHARLOTTE.

Heureuse d'avoir une vache?

MARIETTE.

Eh! oui, ma petite demoiselle! Une vache, chez nous, c'est une fortune. Nous vendons le lait, puis nous faisons du beurre et des fromages qui nous donnent un autre profit.

FRANÇOIS.

Et quand la vache fait son veau, donc!... On va vendre le veau et cela donne une somme... (Soupirant.) Ah! oui, nous serions tirés de la misère... (Regardant sa sœur.) Enfin, avec du courage, Mariette et moi, nous y arriverons.

MARIETTE (joignant les mains).

Quelle joie, quand nous pourrons aller embrasser notre mère!...

CHARLOTTE (bas à son père).

Papa, ne trouves-tu pas que ce serait gentil de voir le petit ramoneur et sa sœur sur un de tes tableaux? Si tu faisais leur portrait?

MONSIEUR DANIEL.

Oh! quelle idée, ma chérie! Il n'y a que les enfants pour avoir de ces inspirations-là! Je cherchais justement un sujet original, nouveau; le voilà tout trouvé, et, de plus, cela va me conduire à une bonne action. (A Charlotte.) Ma petite Charlotte, ta proposition est excellente et je vais la mettre à exécution, tu vas voir. (Aux enfants.) Écoutez, mes enfants, votre sort m'intéresse. Je veux vous faciliter les moyens de regagner votre pays en emportant de quoi y vivre heureux avec votre mère. Je suis un peintre, c'est-à-dire que je fais de grands tableaux comme vous en avez peut-être vu dans l'église de votre village. Eh bien! je veux peindre un tableau où vous serez représentés tous les deux, mais, pour cela, il faudra que vous veniez chez moi. Vous poserez quelques instants, je vous paierai chaque petite séance, ce qui ne vous empêchera pas de gagner encore quelques sous, comme vous le faites habituellement. Puis, quand le tableau sera fini, je le vendrai, et l'argent qu'il produira sera pour vous, vous le porterez à votre mère. Cela vous va-t-il?

FRANÇOIS.

Oh! Monsieur! Monsieur! Merci! Que vous êtes bon! (Jetant sa casquette en l'air.) Vivent les bonnes gens de Paris!

MARIETTE.

Notre mère avait bien raison de dire que le bon Dieu nous protégerait. C'est lui qui vous a envoyé, bien sûr!

MONSIEUR DANIEL.

C'est-à-dire, mes enfants, que c'est lui qui bénit votre amour filial et qui permet que je me sois trouvé sur votre chemin. (Il tire une carte de son portefeuille.) Voici mon adresse. Ne la perdez pas. Je vous attendrai demain matin à dix heures. Au revoir! (Les enfants saluent et se retirent.)

CHARLOTTE (baisant la main de son père).

Oh! papa, que je suis contente, et que je t'aime!

(*La toile se baisse*).

FIN DU DEUXIÈME ACTE

TROISIÈME ACTE

Même décor qu'au premier acte.

SCÈNE PREMIÈRE

CLAUDINE seule

CLAUDINE (sur la porte de sa chaumière, elle file et regarde dans le lointain).

Les jours passent... Ils ne reviennent pas! Que le temps me paraît long!... Pourtant la dernière lettre de Paris me disait : « Mère, réjouis-toi, le bonheur nous arrive, nous serons bientôt dans tes bras... » Et, tous les soirs, je viens ici les guetter sur la route. (Elle regarde en se penchant). Rien!... Ce sera pour demain peut-être?... (Elle écoute.) J'ai entendu un cri!... Je me trompe, sans doute?... Mais non! qui donc appelle : « Mère! Mère! » (On entend crier : « Mère! Mère! ») Oh! cette voix! C'est celle de Mariette! Ce sont eux!... Mes enfants! (Elle s'élance et reçoit dans ses bras les enfants débouchant du coin de la chaumière).

SCÈNE II

CLAUDINE, MARIETTE, FRANÇOIS

MARIETTE (se jetant au cou de sa mère).

Nous voilà! Oh! mère, nous sommes riches et nous ne te quitterons plus.

FRANÇOIS (l'embrassant).

Regarde le boursicot, il est lourd joliment!... Mais ce n'est pas tout... J'ai là encore un portefeuille garni... J'apporte six cents francs, mère!... Nous achèterons la vache et cette petite maison... Nous serons de vrais propriétaires!

CLAUDINE (ouvrant de grands yeux).

Mes enfants!... Est-ce possible? Comment avez-vous pu gagner tant d'argent?

FRANÇOIS.

Nous te conterons ça, mère, ce soir, à la veillée. Pour le moment, nous mourons de faim. Vite, donne-nous un bon plat de châtaignes et du lait chaud, et, en attendant, moi je vais redire, avec Mariette, à notre aimable auditoire, la chanson du pays :

MARIETTE.

Désormais, au temps de la neige,
Chez nous, l'on trouvera du pain;
Peaux messieurs, que Dieu vous protège!
Nous vivrons sans crainte demain.

REFRAIN

Adieu la misère,
Le froid et la faim;
Auprès de ma mère,
Voilà mon refrain.

FRANÇOIS.

De la petite montagnarde
Vous applaudirez la chanson.
Si chacun de vous la regarde,
Elle n'aura plus de frisson.

REFRAIN

Adieu la misère,
Le froid et la faim.
Auprès d'une mère,
C'est notre refrain!

(*La toile se baisse*).

FIN DU TROISIÈME ET DERNIER ACTE

PAGE ET BOUQUETIÈRE
COMÉDIE EN 3 ACTES

PERSONNAGES

LE DUC DE PALMA, 12 ans.
LA DUCHESSE DE PALMA, 10 ans.
JEANNETTE, bouquetière, 9 ans.
GOTHON, 8 ans, ouvrière de Jeannette.
RENÉ, page du duc, 7 ans.
MARTINE, soubrette, 7 ans.
BAPTISTE, 8 ans.

LES SIX ENFANTS DE JEANNETTE, figurants. Ils auront 2, 3, 4, 5, 6 ans et, sur ce nombre, deux enfants, de même taille, figureront deux jumeaux.

PAGE ET BOUQUETIÈRE

PREMIER ACTE

La scène se passe sur une place publique. Un grand parapluie rouge ouvert abritera l'étalage de la bouquetière Jeannette et de sa compagne. Assortiment varié de fleurs, de plantes, à volonté. Corbeille remplie de petits bouquets pour mettre à la boutonnière.

SCÈNE PREMIÈRE

JEANNETTE, GOTHON

Toutes les deux porteront une robe à fleurs, un tablier blanc à bavette. Celui de Jeannette sera garni de dentelle. Petite coiffe blanche. Une croix d'or. Le costume de Jeannette sera de beaucoup plus élégant que celui de sa compagne. Costumes de l'époque Louis XV.

JEANNETTE (regardant le bouquet qu'elle fait).

Allons, ça commence à prendre tournure! Il sera joli celui là, qu'en dis-tu, Gothon?

GOTHON.

Oh! dame, moi, je les trouve toujours jolis les bouquets que vous faites, et il n'y a pas que moi pour le dire! Tous les beaux messieurs et les belles dames qui vous en achètent, vous en font, chaque fois, des compliments! Est-ce que ce n'est pas vrai?

JEANNETTE.

Si, si, tu as raison. Cela m'encourage! Mais c'est qu'il faut que j'en vende beaucoup, beaucoup, pour arriver à joindre les deux bouts! (Elle soupire.) Quand on est veuve, avec six enfants!... Sais-tu que c'est une charge, Gothon! Toi, qui es libre comme l'oiseau qui vole, tu ne t'en doutes pas...

GOTHON.

C'est ça, plaignez-vous d'avoir six enfants! Des amours qu'une reine vous envierait. Tous mignons à croquer!

JEANNETTE.

Oh! je ne me plains pas! Je suis bien heureuse de les avoir, ces chers trésors. Mais quand je pense à tout ce qu'il faut pour les habiller, pour les nourrir, pour les élever, cela m'épouvante... J'ai si peur qu'ils manquent de quelque chose! Et si je tombais malade?

GOTHON.

Allons! allons, ne vous montez pas la tête! Vous avez de la santé, de la jeunesse, du courage... Ma grand'mère disait toujours qu'il y a des gens qui donneraient des millions et des millions pour avoir ces trésors-là!... Elle avait raison, la pauvre vieille; moi, je suis d'avis qu'il ne faut pas gémir d'avance sur les malheurs qui pourraient arriver... Chaque jour suffit à sa peine.

JEANNETTE.

Ma brave Gothon! Tu as raison, tiens, tu me réconfortes... Mais il y a des moments où je pense à toutes les petites paires de souliers, à tous les petits vêtements que je dois fournir à mon troupeau; j'en perds l'esprit, sans compter qu'il faut, pour faire mon métier, que j'envoie les aînés à l'école et que je fasse garder les plus petits; je me reproche quelquefois mes tabliers garnis de dentelle, et pourtant, c'est nécessaire...

GOTHON.

Il le faut! Jeannette la bouquetière doit faire honneur à sa clientèle... Mais, dites-moi, que devient votre filleul... le joli page! Ce sera un protecteur pour vos enfants, celui-là! Est-ce drôle qu'un page soit le filleul d'une bouquetière?

JEANNETTE.

Oui, cela paraît extraordinaire et pourtant c'est arrivé tout naturellement. Je venais de me marier; mon mari et moi nous habitions une ferme qui appartenait à M. le duc de Palma. Le duc et la duchesse avaient depuis quelque temps, chez eux, une jeune nièce venant des colonies et que le climat et le chagrin avaient rendue malade : c'était la femme d'un officier qui avait pris du service aux Indes et qui avait été enlevé par une épidémie, huit mois après son mariage. La jeune femme était revenue en France pour y attendre la naissance de son premier enfant. Cet enfant, c'était René, le petit page que tu connais; le jour où il vint au monde, sa mère partit pour le ciel. Le duc et la duchesse furent au désespoir; n'ayant jamais eu d'enfants, ils aimaient cette nièce comme une fille. Le lendemain de l'enterrement de la mère, on baptisa l'enfant... Tu penses que le moment n'était guère propice à faire venir un parrain et une marraine assortis à la famille; on alla au plus vite : le sacristain, qui est mort depuis, a été le parrain, et moi, j'ai été la marraine... Voilà comment la pauvre Jeannette a pour filleul le beau page René...

GOTHON.

Hé! hé! Cela vous portera bonheur, dame Jeannette, qui sait? Pense-t-il à vous quelquefois, ce filleul de haut parage!

JEANNETTE.

Il adore mes enfants, les deux jumeaux surtout, car nous nous sommes retrouvés à Paris dernièrement. Moi, j'y suis venue après mon veuvage et je n'avais plus entendu parler du duc et de la duchesse, restés dans leur château, au fond de la Bretagne.

GOTHON.

Ah! dame! Il n'a pas mauvais goût votre filleul d'aimer vos enfants! Des bijoux, ces jumeaux!... Mais, dame Jeannette, regardez donc là-bas, qui est-ce qui vient?

JEANNETTE.

C'est lui! C'est mon joli filleul!·Ah! ce bouquet sera pour lui... (Elle arrange son tablier avec un geste coquet).

SCÈNE II

LES MÊMES, LE PAGE RENÉ

Ce dernier débouche sur la scène, par le côté opposé à l'étalage de fleurs. Costume de ville, très élégant Tricorne habiten gilet brodés, culotte courte, cheveux poudrés, une longue canne. Costume Louis XV.

RENÉ (à part, il lorgne les fleurs).

Dieu me pardonne, je crois que c'est Jeannette, ma chère marraine? C'est elle-même, la voilà qui trône au milieu de ses fleurs. Allons lui dire un petit bonjour, et, en même temps, lui acheter un gros bouquet. (A part, du côté du public). Il ne faut pas que j'oublie que c'est ce soir la fête de ma grand'tante la duchesse de Palma. (Il s'approche et soulève son chapeau). Bonjour, ma jolie marraine!

JEANNETTE (se levant).

Oh! quelle bonne surprise, Monsieur René! Qu'est-ce qui vous amène donc de si matin?

RENÉ.

D'abord, je ne veux pas que tu me dises Monsieur, appelle-moi René, tu sais que c'est convenu. Ne suis-je pas ton filleul?

JEANNETTE (attendrie).

Mon cher enfant! (A Gothon). Il n'est pas fier, va!

RENÉ.

Tu demandes ce qui m'amène, ce matin? Je viens choisir un bouquet. C'est demain la Sainte-Marguerite, la fête de ma grand'tante.

JEANNETTE.

Madame la duchesse est à Paris? Ah! je la connaissais bien la date de sa fête; autrefois, avant mes malheurs!... Mais alors, laissez-moi faire, je veux lui préparer un bouquet de premier choix. Savez-vous quelle est sa fleur préférée?

RENÉ.

Si je le sais? Je crois bien, ma grand'tante fait des folies pour cette fleur-là!

JEANNETTE.

Laquelle?

RENÉ.

La tulipe! La duchesse a fait un voyage en Hollande, et, il y a quelques mois, elle a rapporté, de ce pays, une passion folle pour cette fleur-là.

GOTHON (regardant Jeannette).

Oh!

JEANNETTE.

La tulipe! En voilà un drôle de goût! Il est impossible de faire un joli bouquet avec des tulipes.

RENÉ.

Pourquoi donc?

JEANNETTE.

Parce que cette fleur est raide et n'a aucune grâce... Jamais de ma vie je ne consentirai à faire un bouquet avec des tulipes. Ce n'est pas que j'en manque, car, dernièrement encore, un amateur admirait chez moi ma collection... (A Gothon.) Avoue, Gothon, que voilà un cas embarrassant!

RENÉ.

Eh bien! mais n'en parlons plus, marraine. Faites-moi un bouquet à votre idée, de roses, par exemple, et de marguerites, avec du myosotis... Hein! Qu'en dites-vous? Un bouquet symbolique! La rose parlera à la duchesse de sa beauté... (Riant) d'autrefois! La marguerite lui rappellera son nom, le myosotis lui répétera que je l'aime...

GOTHON (regardant de côté).

Onze heures sonnent, maîtresse... Les petits vont arriver...

RENÉ.

Ils vont venir?... Ici? J'allais justement vous en demander des nouvelles!

JEANNETTE.

Eh oui, les plus grands vont en classe, les plus petits sont gardés par une pauvre vieille qui demeure à côté de l'école. A onze heures, ils me rejoignent à mon étalage, et je les emmène chez moi pour leur donner la soupe. Tenez, les voilà! (On verra les enfants arriver, par un des côtés; les deux jumeaux, en avant, les deux autres, à la suite; puis, le plus grand, derrière, tenant le plus petit. Ils auront, pour costume, un tablier long, avec un col pierrot. Ils tiendront un petit panier au bras. Le plus grand aura un gros parapluie rouge.)

SCÈNE III

LES MÊMES, LES ENFANTS

RENÉ (les regardant venir).

Ils sont vraiment intéressants!

LES ENFANTS (allant se jeter dans les bras de leur mère qui les embrasse tour à tour).

(Ensemble.) Maman!

JEANNETTE.

Mes chéris! (Elle se lève). Nous allons aller à la maison.

RENÉ.

Attendez, attendez, marraine; nous n'avons encore rien décidé. Voyons, vous me ferez le bouquet de roses, de marguerites et de myosotis, c'est convenu; et puis, j'ai une idée, oh! une idée lumineuse! Je serais bien étonné si mon projet ne réussissait pas. Je veux faire une surprise à ma grand'tante et préparer, en même temps, l'avenir de vos jolis enfants. Faites seulement ce que je vais vous dire. Ne me questionnez pas, mais suivez bien mes conseils.

JEANNETTE.

Je serai muette. Parlez?

RENÉ.

Il faut ce soir, mettre vos plus beaux atours, endimancher tous ces marmots et venir demander à me parler chez Mme la duchesse de Palma. Et puis, ce n'est pas tout : vous choisirez les six tulipes les plus rares, dans votre collection; vous les placerez chacune dans un joli pot, et...

JEANNETTE.

Oh! monsieur René, mon noble filleul! Je commence à deviner votre pensée... Vous voulez que chacun de mes enfants porte une tulipe à Mme la duchesse... C'est bien hardi de notre part...

RENÉ.

Ne vous inquiétez pas. C'est moi que cela regarde. Donc, ce soir, c'est convenu, rendez-vous chez Mme la duchesse de Palma.

GOTHON (à Jeannette).

Et moi, maîtresse?

JEANNETTE.

Toi, tu nous accompagneras pour porter le bouquet que Monsieur René a commandé. (Aux enfants.) Enfants, suivez-moi; nous allons aller manger la soupe...

RENÉ (se baissant vers un enfant).

Mais avant, je veux qu'on m'embrasse. (Il les embrasse l'un après l'autre, le plus petit se sauve, les deux jumeaux jouent avec la queue de son habit).

JEANNETTE (tendant à René le petit bouquet qu'elle a terminée en causant).

Monsieur René, laissez-moi mettre ceci à votre boutonnière. Ce petit bouquet vous était destiné. (Elle le place à sa boutonnière).

RENÉ.

Merci! il sent délicieusement bon!

JEANNETTE (ouvrant un grand parapluie sous lequel se réfugient tous ses enfants).

Voilà la pluie qui commence! Gothon, couvre bien les fleurs. (Gothon étend une toile sur l'étalage).

RENÉ (s'éloigne par un des côtés; faisant un geste de la main aux enfants et à Jeannette qui s'éloignent par le côté opposé).

A ce soir, marraine, à ce soir!

(*La toile se baisse.*)

FIN DU PREMIER ACTE

DEUXIÈME ACTE

La scène représente une chambre à coucher. Paravent, meubles anciens, vieux portraits. Le duc et la duchesse de Palma en robe de chambre; tous les deux se font vis-à-vis au coin de la cheminée. Le duc aura une longue robe de chambre à ramages, laissant apercevoir des bas de soie, un bonnet de coton blanc noué par une fontange, un ruban rose fané. La duchesse en déshabillé du matin, étoffe ancienne, ou basin blanc avec nœuds de ruban. Le duc et la duchesse auront les cheveux gris et quelques rides.

SCÈNE PREMIÈRE

LA DUCHESSE (tenant sur ses genoux un livre; elle le jette sur un petit guéridon à côté d'elle).

Vraiment, les livres qu'on fait aujourd'hui ne sont pas amusants. Voici la troisième fois que j'envoie Baptiste changer ces volumes et je n'en suis pas mieux servie! (Elle bâille.) Tenez, duc, parcourez cela, si vous voulez. Pour moi, j'en ai assez... Cette lecture me donne des vapeurs...

LE DUC.

Oh! alors, c'est bien inutile que j'y jette les yeux; ce qui ne vous convient pas ne saurait me plaire, ma chère duchesse!

LA DUCHESSE.

Toujours aimable et galant!

LE DUC.

Toujours gracieuse et charmante!

LA DUCHESSE.

Vous me parliez ainsi, quand j'avais vingt ans, mon ami.

LE DUC (vivement).

Mais, vous les avez toujours, duchesse!

LA DUCHESSE (minaudant).

Oh! ce n'est pas ce que me dit mon miroir pourtant...

LE DUC.

Votre miroir ne s'y connaît pas... (La duchesse bâille). Mais vous bâillez, ma chère amie:... Ce sont vos vapeurs qui vous reprennent. (Il regarde sa montre). Je crois bien! il est près de deux heures. Baptiste oublie de nous monter notre chocolat. Je vais sonner. (Il se lève et tire un cordon au coin de la cheminée; il va prendre sur un petit meuble une bonbonnière.) En attendant, duchesse, si nous croquions une praline? (Ils en goûtent tous les deux). Elles sont exquises! Ce sont celles que vous m'avez offertes pour mon jour de naissance!

SCÈNE II

LES MÊMES, BAPTISTE. (Il entre en portant un plateau avec un tête-à-tête pour le chocolat. Il place le tout sur le guéridon entre le duc et la duchesse).

BAPTISTE.

Madame la duchesse me pardonnera si je suis en retard. C'est une maladresse du chef qui avait laissé brûler le chocolat... Il a fallu attendre qu'il prépare un autre déjeûner.

LA DUCHESSE.

Bon! C'est un petit malheur! Ne va pas le gronder pour ça, Baptiste.

BAPTISTE.

Madame la duchesse est trop bonne. (Il tend un journal au duc). Voilà la gazette de Monsieur le duc. (Il sort).

LE DUC (prenant le petit pot de chocolat).

Laissez-moi, chère amie, le plaisir de vous servir!

LA DUCHESSE (tendant sa tasse).

Duc, savez-vous à quoi je pense?

LE DUC.

Dites! je ne devine pas!

LA DUCHESSE.

A ce jour triste et doux, pourtant, où un petit enfant est venu au monde sous notre toit. Le même jour, sa mère, notre nièce chérie, prenait le chemin du ciel!... Ah! oui, la vie serait trop belle, si nous n'avions pas de ces moments douloureux qui jettent leur ombre sur toute l'existence.

LE DUC (lui baisant la main).

N'y pensez pas aujourd'hui, duchesse. Songez plutôt à être fière de celui que nous aimons comme s'il était notre fils, et qu'on appelle déjà, dans tout Paris, le beau page René.

LA DUCHESSE.

Vous avez raison! René est un enfant charmant! Que pensez-vous faire de lui, plus tard?

LE DUC.

Ce que je compte faire de lui? Mais ce que j'aurais fait de mon fils, si le ciel m'en avait accordé un. Il sera duc de Palma, morbleu! Le roi ne me refusera pas de lui transmettre, un jour, pour prix de mes services, nos titres et notre héritage de famille. Lorsqu'il aura seize ans, je lui ferai obtenir un brevet d'officier, car il se distinguera quelque jour, j'espère, et, en attendant, il est attaché, comme page, à notre maison. Il porte à l'église le missel de sa noble tante la duchesse de Palma; il s'assied, à ses pieds, pour lui faire la lecture... (On frappe à la porte.) Qui vient là?

LA DUCHESSE.

C'est Baptiste, sans doute.

LES MÊMES, BAPTISTE

BAPTISTE. (Il entre portant un superbe bouquet composé de roses, de myosotis et de marguerites.)

Pour Madame la duchesse!

LA DUCHESSE (vivement, tendant la main).

Pour moi! ce beau bouquet?

BAPTISTE.

De la part de Monsieur René!

LA DUCHESSE (elle regarde son mari).

Tiens! en quel honneur?

LE DUC (l'air contrit).

Oh! duchesse, excusez ma distraction! C'est aujourd'hui la Sainte-Marguerite. C'est votre fête et je me suis laissé devancer par ce petit page...

LA DUCHESSE.

Tout peut se réparer, cher duc! (A Baptiste.) Va mettre ce bouquet dans la corbeille du boudoir rose. (Elle prend le bras de son mari.) Mon ami, conduisez-moi à mon appartement; je n'ai que le temps de faire ma toilette. (Elle se regarde au miroir en passant). Vraiment, pour un jour de fête, je suis à faire peur! (Ils sortent).

(*La toile se baisse*).

FIN DU DEUXIÈME ACTE

TROISIÈME ACTE

La scène représente le boudoir de la duchesse. Rideaux roses, tentures roses. Beaucoup de fleurs sur les meubles, étagères garnies de bibelots. Le bouquet de René sera placé dans une jardinière en évidence. Martine aura un joli costume de soubrette : jupe courte rayée bleue et blanche ou rose et blanche : tablier garni de dentelles : petit pouf de rubans et de dentelle sur la tête, les cheveux poudrés. Elle se tiendra debout à côté du bouquet de René, en l'examinant et faisant mine de le sentir. Baptiste, en culotte courte, bas rayés, escarpins, tablier à bavette, les cheveux poudrés, avec une petite queue de rat dans le dos. Il aura un gros plumeau sous le bras et sera en train d'épousseter les meubles.

SCÈNE PREMIÈRE

BAPTISTE, MARTINE

Baptiste (se retournant).

Eh ben, manf'zelle Martine, nous sommes donc en extase, ce matin! Ce bouquet vous fascine, on dirait?

MARTINE.

On dirait vrai, monsieur Baptiste! Je n'en ai jamais vu d'aussi joli de ma vie! Et qu'il sent bon! Ces roses embaument. Avec ça, voyez-vous, c'est un bouquet qui parle, celui-là!

BAPTISTE.

Comment, qui parle?

MARTINE.

Oui, vraiment, vous ne savez donc pas ce que signifie cette petite fleur bleue?

BAPTISTE (naïvement).

Bah! Est-ce qu'une fleur peut signifier quelque chose?

MARTINE.

Parfaitement, monsieur Baptiste; il y a même un langage pour les fleurs. Mais tout le monde ne le comprend pas, voyez-vous!

BAPTISTE (la bouche ouverte, le plumeau en l'air).

Oh! moi, d'abord, je suis de ceux-là!

MARTINE.

Cette fleur bleue veut dire : *Ne m'oubliez pas!* Et encore : *Plus je vous vois, plus je vous aime!* C'est charmant, n'est-ce pas?

BAPTISTE.

Oui, mais si on ne sait pas... deviner... ces belles choses...?

MARTINE.

Oh! ces bouquets-là ne sont offerts qu'à ceux qui peuvent en comprendre la signification, et Mme la duchesse saura.. Chut! on vient! (Elle arrange précipitamment les sièges. Baptiste se remet à épousseter).

SCÈNE II

LES MÊMES, LE DUC ET LA DUCHESSE DE PALMA

(Ces derniers seront en toilette de gala, costumes Louis XV).

LE DUC (à la duchesse, en entrant dans le boudoir et la conduisant à un fauteuil).

Ce nom de Marguérite a été fait pour vous, duchesse; il vous sied à ravir! (A Baptiste.) Comment, vous êtes encore là tous les deux?

MARTINE (faisant la révérence).

Oh! Monseigneur, c'était pour demander à Mme la duchesse la permission de lui offrir humblement nos vœux, le jour de sa fête!

BAPTISTE (s'inclinant très bas et timidement derrière Martine).

(Bas à Martine). Vous n'êtes pas timide, vous!...

LA DUCHESSE (les congédiant de la main).

Merci, mes amis, merci. Maintenant vous pouvez nous laisser. (Les deux valets sortent. La porte se ferme et se rouvre presque aussitôt).

BAPTISTE (rentrant et annonçant) :

Monsieur René !

SCÈNE III

LES MÊMES, RENÉ

Il fait une entrée avec un nouveau costume, très élégant, soie bleue et blanche, forme Louis XV. Tricorne à plume blanche sous le bras.

RENÉ. (Il entre et s'incline en baisant la main de la duchesse).

Ma belle tante, permettez-moi de mettre à vos pieds mes hommages les plus respectueux et de vous offrir aussi, en l'honneur de votre fête, mes vœux les plus tendres. (Il salue le duc). Monsieur le duc !

LA DUCHESSE.

Mon cher enfant, j'ai reçu vos fleurs. Ce bouquet est ravissant et... il me dit bien des choses...

RENÉ (vivement).

Oui, n'est-ce pas ?..... et... monsieur le duc ne me démentira pas. La marguerite rappelle à Madame la duchesse son nom qui signifie : la perle des perles ! La rose lui dit qu'elle est belle !... le myosotis que je l'aime !...

LE DUC (en souriant).

Très bien ! mon ami ! Vraiment, pour un petit page, c'est du dernier galant ! Morbleu ! René, où avez-vous appris à tourner ainsi un madrigal !... et à composer un bouquet ?

RENÉ.

Oh ! pour le madrigal, il n'est autre chose que l'écho de mon cœur. Quant au bouquet, puisqu'il vous plaît, ma belle tante, laissez-moi vous offrir quelques fleurs encore qui viennent de la même source. C'est une surprise que je vous ai ménagée. (Il va vers la porte qu'il entr'ouvre et dit, assez fort, du côté de l'antichambre :) Vous pouvez entrer !

LA DUCHESSE (à son mari).

De quoi s'agit-il ?

LE DUC.

Oh ! je ne sais rien, moi ; monsieur votre page ne m'a pas confié ses secrets !

SCÈNE IV

LES MÊMES, JEANNETTE, LES ENFANTS, GOTHON

Jeannette marchera la première, parée de son plus beau costume. On ajoutera quelques rubans à celui qu'elle avait au premier acte. Les enfants suivront, à la file, portant, chacun, un pot de tulipe. Les tulipes pourront être en papier et variées de couleur. Chaque pot sera orné d'un papier blanc et entouré d'un ruban bleu. Les enfants seront habillés en vêtements de même couleur bleue ou marron; ils auront de grands cols blancs avec des dents découpées. Gothon suivra, tenant à la main le parapluie rouge de la famille.

RENÉ (à Jeannette qui s'avance).

Venez, marraine, n'ayez pas peur.

LA DUCHESSE.

Eh! mais, c'est Jeannette! Une vieille connaissance!

RENÉ.

C'est elle qui a fait le bouquet qui vous plaît, ma belle tante!

JEANNETTE.

Oh! monsieur René, l'idée vient de vous! (Faisant la révérence). Madame la duchesse me permettra-t-elle de lui offrir une petite collection de tulipes d'espèces rares et peu connues encore? (Elle fait ranger ses enfants en ligne devant la duchesse).

LE DUC (debout derrière la duchesse, se penche et lorgne les enfants).

Moi, j'admire surtout cette jolie collection d'enfants.

LA DUCHESSE (examinant les tulipes).

Oh! admirable! Celle-ci vient de Hollande, cela ne fait pas de doute. J'en ai vu une pareille à Versailles, dans le parterre du roi. Quelle charmante attention, Jeannette! C'est pour ma fête! Je n'en reviens pas!... Comment, vous avez su?... Et ces jolis enfants, tous à vous, Jeannette?

JEANNETTE (embarrassée, à René).

Que faut-il répondre?

RENÉ.

Nous allons vous expliquer tout cela, ma belle tante. Laissez-moi d'abord mettre les tulipes à l'abri de tout accident. (Il place les petits pots de fleurs autour de la corbeille qui contient le bouquet). Et maintenant, permettez-moi de vous présenter mes petits protégés. (Il prend par la main le plus petit et pousse les autres).

LA DUCHESSE (embrasse le plus petit).

Charmants, en vérité! (A part.) Ah! si le ciel m'avait donné des enfants comme ceux-là! (A Jeannette.) Vous êtes une heureuse mère, Jeannette! Je vous félicite d'avoir autour de vous un pareil cortège. Vous aviez quitté autrefois nos terres pour venir à Paris avec votre mari et...

JEANNETTE (joignant les mains).

Hélas! je suis veuve aujourd'hui et c'est ma peine et mon souci de tous les jours, madame la duchesse, de penser que je pourrai voir souffrir ces enfants! Il est bien difficile à une femme seule d'en élever six!

RENÉ (l'interrompant).

Aussi, madame la duchesse, j'espère que vous ne me blâmerez pas, j'ai promis à ma marraine d'adopter ses enfants.

LA DUCHESSE (surprise).

Vous, René? C'est impossible!

LE DUC (à part).

Il a de l'aplomb, notre petit page!

RENÉ (souriant).

Oh! rien n'est impossible avec votre aide, ma belle tante. (Il lui baise la main.) Vous êtes si bonne!

LA DUCHESSE.

Et vous, monsieur mon page, si enjôleur!

LE DUC.

Duchesse, je devine votre pensée; aussi, puisque je n'ai pas été le premier à vous offrir un bouquet de fête, du moins, j'espère avoir trouvé un présent qui vous fera plaisir. Je vous donne ces six enfants à élever, à aimer, à suivre dans la vie! C'est-à-dire qu'à partir de ce jour, vous et moi nous nous chargerons de leur avenir. Qu'en dites vous, René?

RENÉ.

Oh! monsieur le duc, vous allez au-devant de tous mes souhaits! (A la duchesse). Ma belle tante, vous ne m'en voudrez pas?

LA DUCHESSE.

Vous en vouloir, mon cher enfant! Comment donc? Ce sera une fête, celle-ci, que je n'oublierai pas!... Vos petits protégés deviennent les miens, à partir d'aujourd'hui, et pour qu'ils fassent plus ample connaissance avec moi, je vais leur offrir quelques pralines; passez moi ma bonbonnière! (La duchesse prenant la bonbonnière que lui tend René). Prenez, mes enfants. (Les enfants n'osent pas prendre eux-mêmes; elle les leur met dans la poche). Allons, dans la poche, cela vaut mieux.

SCÈNE V

LES MÊMES, BAPTISTE, MARTINE

BAPTISTE.

La voiture de M. le duc est attelée...

MARTINE (apportant un mantelet et un chapeau en rapport avec le reste du costume).

Madame la duchesse veut-elle que je l'habille pour aller au Bois?

LA DUCHESSE (au duc).

Non, nous resterons ce soir, n'est-ce pas, mon ami? (Elle continue à distribuer des bonbons aux enfants). Je veux un peu causer avec Jeannette. Nous allons faire des combinaisons d'avenir.

MARTINE (sur un coin du théâtre, bas à Baptiste.)

Je n'y comprends rien...

BAPTISTE.

Ni moi!

GOTHON (qui s'est rapprochée d'eux. Au public, tenant un gros parapluie en avant).

Moi, je comprends; c'est la fortune des enfants qui commence!... Je le disais bien : Dieu bénit les nombreuses familles! Six enfants! c'est l'avenir, ma foi! et c'est le bonheur aussi, voyez-vous, puisque c'est l'espérance!!

LA DUCHESSE (à son mari et à René).

Vraiment, je ne pense pas, de ma vie, avoir un plus joli bouquet de fête.

Air de : « (1) *Chanson à danser du XVIe siècle.* »

RENÉ (à la bouquetière).
N'ayez plus, marraine,
Dans tous vos instants,
Ni souci, ni peine,
Pour ces beaux enfants.

---

(1) En vente chez Pinatel, 17, Faubourg Poissonnière, Paris.

REFRAIN EN CHOEUR

Un tendre et noble cœur
Veille sur leur bonheur.

LA BOUQUETIÈRE (à René).

D'un tel avantage,
Je vous dois l'honneur.
Vous êtes, beau page,
Notre bienfaiteur.

REFRAIN EN CHOEUR

LA BOUQUETIÈRE ET SES ENFANTS.

Par vous, un noble cœur
Nous comble de bonheur!

LES ASSISTANTS.

Les comble de bonheur!

LA DUCHESSE (montrant les enfants).

Ce présent de fête
Si doux à mes yeux,
C'est une conquête
Qui me vient des cieux.

REFRAIN EN CHOEUR

LA DUCHESSE.

Et je veux de grand cœur.

LE DUC ET RENÉ.

Ce sera son grand cœur.

LA DUCHESSE.

Faire un jour leur bonheur.

LE DUC ET RENÉ.

Qui fera leur bonheur.

(Ils saluent.)

Pendant ces couplets, le duc et la duchesse seront debout et étendront la main vers les enfants. René sera du côté de la duchesse avec Jeannette. Gothon et les deux domestiques se tiendront du côté du duc.

(La toile se baisse).

FIN DU TROISIÈME ET DERNIER ACTE.

MONSIEUR L'HIVER

SAYNÈTE EN 1 ACTE

PERSONNAGES

M. L'HIVER, 12 ans.
UN PETIT GARÇON, 8 ans.
UNE PETITE FILLE, 7 ans.
UN BÉBÉ, 3 ans.
SAINT-NICOLAS, 10 ans.
ARBRE DE NOEL, 9 ans.
NOUVELLE ANNÉE, 8 ans.
GATEAU DES ROIS, 7 ans.

MONSIEUR L'HIVER

Un enfant, habillé en vieillard, avec un long manteau, une grande barbe, couvert de petits flocons de ouate qui simuleront la neige, se tiendra au coin du feu et aura l'air de grelotter, les deux mains dans un manchon. Plusieurs enfants, petites filles et petits garçons, arriveront par les deux côtés de la scène et hésiteront à s'approcher.

SCÈNE PREMIÈRE

M. L'HIVER, LES ENFANTS

Un petit garçon (soufflant dans ses doigts).

Oh! tenez, j'en étais sûr, monsieur l'Hiver est là. Je l'aurais deviné à mes mains glacées!

UNE PETITE FILLE.

(Armée d'un parapluie, la tête couverte d'un capuchon).

Et moi donc, je m'en suis doutée quand maman m'a dit : « Ne sors pas sans parapluie et mets ton capuchon! » Que je regrette ma jolie ombrelle rose et mon chapeau de paille garni de fleurs! Oh! le vilain hiver!

UN GROS GARÇON (bâillant).

Il me semble que j'ai toujours sommeil quand l'hiver est là? C'est dur de se lever à la lumière, on se croirait au milieu de la nuit. Quel malheur de voir arriver l'hiver!

UN BÉBÉ.

Je ne peux plus me chauffer au soleil avec le chat, moi, puisque l'hiver, le soleil ne chauffe pas! (le chassant de la main) : Va-t-en! va-t-en, méchant. C'est à cause de toi que j'ai des engelures!

MONSIEUR L'HIVER.

Se redressant, après avoir jusque-là tourné le dos aux enfants).

Petits ingrats! Comment, c'est ainsi que vous parlez de moi! Vous avez cru que j'étais sourd et que je n'entendais pas vos plaintes? Mais je n'en ai pas perdu un mot, et j'ai vu Bébé me chasser avec sa petite main. Écoutez-moi! Vous avez donc oublié les jolies fêtes que je ramène avec moi tous les ans, des fêtes qui sont pour vous, rien que pour vous?... Les jolies surprises que je vous apporte et ces charmants compagnons qui viennent avec moi vous visiter, vous réjouir et vous donner les choses que vous aimez le plus!...

Une petite fille.

Quels compagnons, Monsieur l'Hiver? Nous ne les connaissons pas, je crois?

Monsieur l'Hiver.

Oh! si, vous les connaissez bien! Tenez, je vais leur dire de se montrer, et nous verrons. Arrivez, arrivez, mes joyeux compagnons, et lorsqu'ils vous auront entendus, ces petits ingrats seront libres de me maudire et de vous chasser avec moi, si cela leur plaît.

SCÈNE II

LES MÊMES, SAINT NICOLAS, ARBRE DE NOEL, NOUVELLE ANNÉE, GATEAU DES ROIS

Saint Nicolas.

(Un enfant coiffé d'une mitre, avec un petit âne, arrivera doucement, pendant que la musique jouera l'air de dame Tartine). (Chantant)

Air : *Il était une Dame Tartine.*

Les chemins sont couverts de neige;
Mais, sous la voûte illuminée,
Lentement s'avance un cortège ;
Approchez de la cheminée,

Mettez, les premiers,
Vos petits souliers,
Car, saint Nicolas
Arrive à grands pas.

Tous les enfants reprennent en chœur :

Mettons, les premiers,
Nos petits souliers.
Oui, saint Nicolas
Arrive à grands pas.

TOUS LES ENFANTS.

Vive saint Nicolas!

ARBRE DE NOEL.

(Un enfant habillé de blanc avec des rubans bleus et roses, apparaîtra, tenant à la main un tout petit sapin orné de quelques bonbons). (Chantant :)

Il fait froid, la campagne est grise,
Les enfants soufflent dans leurs doigts,
Et la nuit, l'on entend la bise;
Les oiseaux frissonnent au bois.
Réjouissez-vous,
Soyez bons et doux,
On prépare au Ciel
L'arbre de Noël.

Tous les enfants reprennent en chœur :

Réjouissons-nous,
Soyons bons et doux,
On prépare, au Ciel,
L'arbre de Noël.

TOUS LES ENFANTS.

Arbre de Noël! arbre de Noël, oui, nous te reconnaissons! Quel bonheur de te revoir!

Nouvelle année.

(Une petite fille, habillée tout en rose, portant sur le dos une hotte de jouets variés et un cornet de bonbons dans chaque main, au front, la date 1er de l'An). (Chantant :)

> Moi, je suis la nouvelle année,
> Au visage rose et charmant.
> J'amène joyeuse journée ;
> Saluez ce commencement.
>   De tous les parents
>   Et des bons enfants,
>   J'écoute les vœux
>   Pour les rendre heureux.

Tous les enfants reprennent en chœur.

>   De tous les parents
>   Et des bons enfants,
>   Elle entend les vœux
>   Pour les rendre heureux.

Tous les enfants.

Oui, oui, nouvelle année, nous t'aimons, nous te voulons chez nous.

Un petit garçon.

(Habillé en pâtissier avec un gros gâteau des rois en couronne sur la tête). (Chantant :)

> Les plaisirs se suivent sans trêve,
> Moi, je suis le roi des gâteaux.
> Dans mes flancs, je cache une fève,
> Trouvez-la, petits jouvenceaux ?
>   Et toutes les voix
>   Diront par trois fois :
>   « Qu'il se tienne droit !
>   Le roi, le roi boit ! »

Tous les enfants en chœur :

    Oui, toutes les voix
    Diront par trois fois :
    « Qu'il se tienne droit !
    Le roi, le roi boit ! »

TOUS LES ENFANTS.

Oh ! le bon gâteau des rois ! Comment avions-nous pu l'oublier.

MONSIEUR L'HIVER.

Eh bien, mes enfants, vous avez entendu mes compagnons. Voulez-vous encore me chasser ? Si je ne reviens plus, vous ne les reverrez jamais.

TOUS LES ENFANTS.

Oh ! restez, restez, monsieur l'Hiver. Notre cœur se souviendra maintenant des joies que vous nous apportez.

UNE PETITE FILLE.

Oui, restez, monsieur l'Hiver ! (Chantant) :

    Et que ceux qui vous font cortège,
    Doux Noël et saint Nicolas,
    Avec vous, marchant sur la neige,
    A l'enfant malheureux, hélas !
      Portent des bonbons,
      Puis, de gros marrons,
      Pour remplir entier
      Son petit soulier.

Tous les enfants reprennent en chœur :

    Portez des bonbons,
    Puis de gros marrons,
    Remplissez entier
    Son petit soulier.

(La toile se baisse.)

L'ENFANT PRODIGUE
COMÉDIE EN 3 ACTES

PERSONNAGES

M. CASSANDRE, 12 ans.
Mme CASSANDRE, 10 ans.
PIERROT, fils des précédents, 7 ans.
COLOMBINE, fille des précédents, 6 ans.
M. MOUTONNET, vieil ami de la maison, 12 ans.
ARLEQUIN, POLICHINELLE, amis de Pierrot, 8 et 9 ans.
Musiciens ambulants, marchands forains, clowns, figurants, de l'âge des précédents.

L'ENFANT PRODIGUE

PREMIER ACTE

La scène représentera l'intérieur d'un petit salon, doucement éclairé par une lampe recouverte d'un abat-jour. M. Moutonnet, M. et Mme Cassandre, seront occupés à jouer au loto. M. Cassandre portera une perruque terminée par une queue de rat, avec une robe de chambre à ramages et un bonnet de nuit garni d'une fontange. — Mme Cassandre aura une robe de soie puce ou gorge de pigeon et un bonnet sur des boucles à la vieille. M. Moutonnet, habit vert, gilet à ramages, perruque. Un tricorne accroché sur le dos du fauteuil. Pierrot sera dans un costume de pierrot blanc à gros boutons bleus; figure enfarinée. Colombine, petite jupe courte, corsage de velours noir, grande collerette et *chapeau colombine* (forme gendarme). Pierrot, d'un air boudeur, se tiendra près de la porte, la main sur la poignée de la serrure, tout prêt à partir. Colombine, à quelques pas de lui, joindra les mains en lui faisant signe de rester. M. et Mme Cassandre, l'air désolé et inquiet, lèveront les yeux, de temps en temps, vers leurs deux enfants.

SCÈNE PREMIÈRE

M. CASSANDRE, Mme CASSANDRE, M. MOUTONNET, PIERROT ET COLOMBINE

M. CASSANDRE (à mi-voix).

Bon! j'ai encore passé un numéro! Vous avez bien appelé 24, n'est-ce pas, monsieur Moutonnet?

M. MOUTONNET.

Eh! oui, certainement, je l'ai même marqué sur mon tableau. Vous êtes distrait, monsieur Cassandre?

M. CASSANDRE.

Je ne suis pas distrait, je suis inquiet et malheureux. L'attitude de mon fils est d'une telle inconvenance...

Mme CASSANDRE (suppliant).

Mon ami!

M. CASSANDRE (appelant les numéros).

34, 48!... Je sais ce que je dis! (Appelant.) 72!... Pourquoi ne joue-t-il pas avec nous?.. 85! Il meurt d'envie de sortir et d'aller rejoindre ces deux chenapans, Polichinelle et Arlequin, qui sont ses amis. 55! non, c'est-à-dire, c'est 85! je crois! (Il laisse tomber la boule.) Allons, bon! Voilà la boule qui tombe! (M. Moutonnet et M. Cassandre se baissent pour la ramasser; Mme Cassandre les éclaire, tous les trois regardent sous le tapis).

COLOMBINE (se rapprochant de Pierrot).

Pierrot !

PIERROT.

Laisse-moi !

COLOMBINE (joignant les mains).

Pierrot, mon frère, reste avec nous !

PIERROT (vivement, se penchant vers elle).

Non, vraiment ! Ma petite sœur, laisse-moi partir... Ce sont des soirées assommantes ! Décidément, je sens qu'en restant davantage, je me me crétiniserais ici !...

M. MOUTONNET.

Ah ! voilà la boule ! Je la tiens !

M. CASSANDRE.

Voyons vite le numéro ? Je suis presque sûr de gagner !

PIERROT (faisant un signe à Colombine, en posant un doigt sur sa bouche).

Chut ! C'est le moment de filer. (Il ouvre la porte et s'élance au-dehors, avant que les joueurs aient repris leur place).

COLOMBINE (elle veut le retenir par son vêtement).

Pierrot! Ah! (Elle tombe sur un fauteuil et pleure).

M. MOUTONNET.

72! Est-ce bien votre numéro, monsieur Cassandre?

M. CASSANDRE.

72! Justement! C'est celui-là même! J'ai gagné. Où sont les trois francs?

Mme CASSANDRE.

Là, dans le petit panier! Ils vont aller rejoindre les autres à la tontine.

M. CASSANDRE.

Hé! hé! La tontine s'arrondit tous les dimanches. Nous avons déjà près de cent francs et le petit voyage projeté pourra bientôt se faire. Colombine sera bien contente! Chère petite!

M. MOUTONNET.

Pourquoi ne joue-t-elle pas avec nous, ce soir?

Mme CASSANDRE (soupirant).

Pourquoi! parce que Pierrot boude! Elle cherche à le ramener à de meilleurs sentiments... Hélas! (Elle regarde vers la porte). Ah! mon Dieu!

M. CASSANDRE.

Quoi donc, ma bonne amie?

M. MOUTONNET.

Qu'avez-vous, madame Cassandre?

Mme CASSANDRE (levant les bras au ciel).

Il est parti!... Colombine pleure et nous n'avons rien vu...

M. CASSANDRE (se lève furieux; les autres l'imitent).

Où est-il? Je veux qu'on le rattrape! Le monstre! L'ingrat!

M. MOUTONNET (cherchant à le calmer).

Calmez-vous, mon ami, et, croyez-moi, couchez-vous. (Il prend une prise de tabac.) Il reviendra, allez!... Mais il lui faut une leçon.

COLOMBINE (s'avançant vers ses parents).

Pardonnez-lui! Ce sont ses mauvais camarades, Arlequin et Polichinelle, qui l'entraînent... C'est depuis qu'il les connaît qu'il a toujours envie de nous quitter. Il n'est plus le même!

Mme CASSANDRE.

Bonne petite! Tu voudrais l'excuser!

M. CASSANDRE.

Va, ma fille, va! Ton frère est bien coupable. Mais il est tard, tu vas aller te coucher, ta mère aussi. Moi, je resterai là, je ne pourrais dormir et j'ai besoin de réfléchir.

M. MOUTONNET.

Je reste avec vous, mon ami.

M. CASSANDRE.

Non, mon cher Moutonnet, non. Colombine va vous éclairer. Au revoir! (Il lui serre la main).

M. MOUTONNET (prenant son tricorne et serrant la main de M. Cassandre).

Au revoir! Courage, mon vieil ami!

COLOMBINE (prenant un bougeoir).

Papa, mettez-vous là, sur ce fauteuil. (Elle place un paravent qui encadre à demi le fauteuil.) Avec ce paravent, vous serez plus abrité. (Elle l'embrasse).

Mme CASSANDRE (baisse la mèche de la lampe et descend l'abat-jour).

Là! voilà. La lumière ne vous fera pas mal aux yeux, ainsi. (Colombine marche en avant tenant le bougeoir, suivie de M. Moutonnet, qui tient son chapeau et marche sur la pointe des pieds, Mme Cassandre ferme la marche.)

M. CASSANDRE (fermant les yeux, d'une voix faible).

Merci de vos bons soins, mes amis... (Ils sortent tous trois, sur la pointe des pieds.) Ah! je suis brisé! (Il s'endort.)

Dans les coulisses, la musique jouera, en sourdine, un air de berceuse enfantine, par exemple : *Fais dodo Colin, mon p'tit frère*, etc., etc., lentement, avec une expression un peu triste. On verra Pierrot, suivi de Polichinelle et d'Arlequin, qui arriveront, à pas de loup, par le côté du paravent qui les séparera du dormeur. Pierrot tiendra une lanterne à la main. La lampe, placée sur la table, ne donnera plus qu'une très faible lueur.

SCÈNE II

M. CASSANDRE, PIERROT, ARLEQUIN, POLICHINELLE

PIERROT (se tournant vers ses camarades, avec un geste de prière, à voix basse).

Je n'ose pas!... C'est mal ce que je vais faire là!

ARLEQUIN (à voix basse).

Allons donc, puisque c'est l'argent de la famille, il est à toi!

POLICHINELLE (le poussant... A voix basse).

Pense à tous les plaisirs qui nous attendent... Va, et dépêche-toi... Tout à l'heure nous serons pincés.

M. CASSANDRE. (Il fait un mouvement et pousse un profond soupir).

Ah!...

PIERROT (qui s'était avancé de quelques pas, recule précipitamment).

Oh! non, laissez-moi... J'ai trop peur!...

ARLEQUIN.

Alors, adieu! Ne compte plus sur nous, tu sais... Nous irons à la foire sans toi... Nous allons jouer aux petites loteries...

POLICHINELLE (à voix basse, sur le devant de la scène).

Es-tu sot! Avec cet argent tu peux en gagner d'autre, et tu remettras celui-là à ton père, après, si ça te fait plaisir! (Il le pousse.) Va donc!

PIERROT (l'air effaré, regarde son père, et, avec précaution, se dirige vers la tontine. Il se saisit précipitamment de la boîte et fait remuer un fauteuil. Le père fait un mouvement).

Vite! sauvons-nous!...

Pierrot, avec la boîte sous le bras, pousse ses camarades au dehors. Ils disparaissent tous les trois.

M. CASSANDRE (se levant. Il se frotte les yeux et regarde autour de lui).

Est-ce un rêve! L'ai-je bien vu? Pierrot, mon fils, un voleur! (Il va vers la tontine et voit la place vide.) Ce n'est que trop vrai! Il est venu ici avec ces deux coquins qui sont ses mauvais génies. Je croyais avoir un affreux cauchemar, mais ils étaient bien là, tout à l'heure, tous les trois. (Il montre le poing.) Voleur!... Voleur!... Un fils s'introduire chez son père pour le voler!... Quelle honte!... Je ne veux plus le voir, jamais!... jamais!... (Il fait un geste comme pour le repousser.) Je le chasse de mon toit! Qu'il soit... maudit! oui, maudit!... (Après cet effort, il retombe sur son fauteuil. Après quelques instants de silence, d'une voix attendrie.) Il était si doux, si gentil, quand il était petit! J'aimais à caresser sa tête blonde, à le faire sauter sur mes genoux! Comme nous étions fiers, sa mère et moi, quand on nous complimentait sur notre petit Pierrot! Oh! Pierrot! Pierrot! tu m'as brisé le cœur!

Il se cache la tête dans ses mains et il pleure. La musique, pendant cette scène, jouera en sourdine, après la *Berceuse*, un morceau d'harmonie imitative, simulant un orage avec pluie et coups de tonnerre.

(La toile se baisse.)

FIN DU PREMIER ACTE

DEUXIÈME ACTE

SCÈNE PREMIÈRE

PIERROT, ARLEQUIN, POLICHINELLE, MARCHANDS, SALTIMBANQUES, PROMENEURS

Sur un des côtés de la scène, on verra un étalage de petits objets de porcelaine, verroterie, etc., etc... Au milieu, une grande roue, avec des numéros pour tirer à la loterie. De l'autre côté de la scène, on simulera, par une toile représentant un sujet quelconque, le devant d'une baraque. Sur l'estrade, en avant, un jocrisse, un clown, un ou deux saltimbanques aux costumes pailletés. L'un d'eux jouera de la grosse caisse. Au moment où la toile se lèvera, on entendra une sorte de musique de foire, avec accompagnement de la grosse caisse. La voix nasillarde du clown se fera entendre et dira : « Entrez, entrez, messieurs et mesdames; le spectacle va commencer! » Pendant ce temps, Pierrot sera en train de faire tourner la roue, Arlequin et Polichinelle, de chaque côté de lui, l'encourageront de la main. Au fond, on placera un tir à la cible avec des poupées et des pipes, comme but.

PIERROT (joyeusement).

25,000! Ah! j'ai gagné! C'est le gros numéro, je crois? Celui-là donne droit à un objet de dix francs ou à la somme, si on le préfère, n'est-ce-pas? Voyons l'objet?

LA MARCHANDE.

Voilà, monsieur, voyez, c'est une montre. Une jolie montre en nickel.

PIERROT.

Peuh! j'en ai une en or que mon père m'a donnée! Je préfère l'argent, donnez.

LA MARCHANDE.

Tenez, Monsieur, voilà les dix francs!

ARLEQUIN.

Prête-les moi, veux-tu? Tu serais sûr de perdre, maintenant, car, la veine est capricieuse! Moi, je vais gagner, laisse moi faire?

PIERROT (lui donnant la pièce).

Tiens! Essaie!

ARLEQUIN.

Je tourne pour vingt sous!

POLICHINELLE.

Bon! tu as perdu! A moi! A mon tour! Toujours sur les dix francs, n'est-ce pas, Pierrot? (Il tourne la roue.) Quelle malechance, j'ai perdu. Laisse-moi recommencer? (Il tourne.) Bon! encore perdu. C'est du guignon! Je recommence! (Il tourne de nouveau.) Ah! çà, le diable s'en mêle!

ARLEQUIN.

Mon bon ami, tu as la main malheureuse. Il reste quarante sous! Deux coups pour moi. (Il tourne.) Perdu! (Il tourne de nouveau.) Perdu encore! C'est trop fort! j'en ai assez, moi, de cette loterie! Allons tirer à la cible, ça vaudra mieux!

UN SALTIMBANQUE (criant).

Entrez, entrez, messieurs et mesdames, le spectacle va commencer! C'est un franc pour les grandes personnes, cinquante centimes pour les enfants! Boum! Boum! Boum! Boum!

La musique reprend de plus belle, avec accompagnement de grosse caisse.

PIERROT (à ses compagnons, en s'arrêtant devant la baraque).

Si nous entrions là?

ARLEQUIN.

Tout à l'heure; il vaut mieux d'abord nous exercer à la cible. J'ai envie de casser quelques têtes de pipe.

PIERROT.

Tu tiens toujours la boîte où est l'argent? Il en reste encore, au moins?

ARLEQUIN.

Oui, oui, sois tranquille, plus qu'il n'en faut. Allons! (Ils vont s'installer en face du tir à la cible. Le propriétaire s'avance et leur présente un petit pistolet.)

POLICHINELLE (s'inclinant d'un air moqueur).

A toi, Pierrot! A tout seigneur, tout honneur! Commence. (Pierrot tire, puis passe le pistolet à Arlequin, qui le repasse à Polichinelle; chacun tire plusieurs fois, à tour de rôle.)

LE MARCHAND.

Ça va bien! Ça va bien! Voilà une douzaine de pipes au moins à remplacer. Mes bons messieurs, vous me devez six francs. Payez-moi, d'abord, cela ne vous empêchera pas de continuer après...

PIERROT.

La tontine, où est-elle, Arlequin?

ARLEQUIN.

C'est toi qui l'as prise, Polichinelle. Je l'avais laissée, là, près de toi.

POLICHINELLE.

Moi! je ne l'ai même pas vue! (Ils cherchent tous les trois.)

ARLEQUIN.

Nous sommes volés, c'est clair!...

LE MARCHAND (insistant).

Messieurs, eh bien! Qu'est-ce qui vous embarrasse? Payez-moi, payez-moi donc? Voici d'autres clients qui arrivent. Si vous n'avez pas d'argent, j'accepterai quelque objet en dépôt, une montre, par exemple...

POLICHINELLE (à Pierrot).

Ta montre! Donne-la!

PIERROT.

Mais j'y tiens! Elle sera perdue!

ARLEQUIN.

Tu la regagneras, ce n'est qu'un gage, et Monsieur va nous prêter de l'argent là-dessus?

LE MARCHAND.

Je veux bien, je prêterai vingt francs pour commencer, plus les six francs que vous me devez; cela fait vingt-six.

PIERROT (fouillant dans ses goussets).

Ma montre! Où est-elle donc? Je ne la trouve plus! On me l'a prise ou je l'ai perdue! Ah! je suis désolé! (Il secoue ses vêtements.) Rien! rien! On me l'a prise.

LE MARCHAND.

Tout ça, mes beaux messieurs, ne me donne pas mon argent... Si vous ne me payez pas, je vais porter ma plainte au commissaire.

PIERROT (joignant les mains).

Oh! je vous en prie! Nous ferons ce que vous voudrez pour vous dédommager.

LE MARCHAND.

Tenez, une idée! Je suis associé avec le propriétaire de la baraque qui est là, il cherche des sujets nouveaux à engager dans sa troupe. Voulez-vous entrer chez lui? Il vous paiera une somme assez ronde et vous pourrez me régler. Je vais lui parler. (Il se dirige vers la baraque.

ARLEQUIN (prenant Pierrot par le bras).

Dis donc, Pierrot, ça va être amusant! C'est nous qui allons jouer la comédie, au lieu de regarder les autres!

PIERROT (tristement).

C'est égal! quand je pense que maman avait rêvé de me voir entrer à l'École polytechnique! Si elle me savait dans cette baraque, elle mourrait de chagrin!

POLICHINELLE.

Allons! N'aie donc pas de ces idées tristes! Nous sommes jeunes, nous sommes gais, voilà tout! Ah! voilà la réponse qu'on nous apporte. (Pendant ce dialogue, les trois personnages formant un groupe, Pierrot entre ses deux compagnons, se tiendront sur le devant de la scène).

SCÈNE II

LES MÊMES, LE MARCHAND, UN SALTIMBANQUE

LE SALTIMBANQUE (s'avançant d'un air engageant vers les trois amis).

Messieurs, je viens vous offrir d'entrer dans ma troupe. Je monte justement une pièce nouvelle où vous pourrez figurer avec avantage. Nous partons ce soir pour Paris, voulez-vous être des nôtres?

POLICHINELLE (le poing sur la hanche).

Quelles sont vos conditions, d'abord?

LE SALTIMBANQUE.

Je vous donnerai cinquante francs par mois à chacun et le premier mois vous sera payé d'avance, c'est-à-dire, aujourd'hui! (Les trois amis se regardent. Arlequin fait un signe de tête à Polichinelle.)

POLICHINELLE.

Eh bien, nous acceptons, sans marchander. Moi, d'abord, je me sens une véritable vocation pour le théâtre!

ARLEQUIN.

Moi, aussi! vraiment. Alors les cinquante francs payés d'avance?..,

LE SALTIMBANQUE (exhibant des pièces d'or du fond d'une blague à tabac).

Les voici, Messieurs, les voici!

PIERROT.

Eh! eh! c'est joli ces pièces d'or!...

POLICHINELLE (le prenant par le cou).

Hein! mon cher, tu es de cet avis? Ça vaut encore mieux que l'École polytechnique où il faut bûcher à en attraper une migraine perpétuelle... Moi, ça me fait peur, la migraine...

ARLEQUIN (au saltimbanque).

Est-ce qu'il faut entrer tout de suite chez vous?

LE SALTIMBANQUE.

Non, ce soir à sept heures, vous viendrez ici. (Il montre sa baraque.) Je vous attendrai, et, aussitôt, notre *roulotte* prendra le chemin de Paris. On dort là-dedans comme dans une chambre de prince et on arrive sans s'en douter. Vous allez seulement me signer un petit papier, comme quoi, vous êtes engagés avec moi pour trois ans.

PIERROT (l'air effrayé).

Trois ans!

LE SALTIMBANQUE.

Eh! oui, ce n'est pas trop! Il faut le temps de vous former! D'ailleurs, (il montre les pièces d'or) c'est à prendre ou à laisser.

ARLEQUIN (tendant les mains).

Alors, prenons, mes amis!

PIERROT ET POLICHINELLE (tendant les mains).

Tu as raison! ma foi! Prenons!

LE SALTIMBANQUE.

Signez! (Ils signent l'un après l'autre, sur un papier qu'il leur tend.) Et maintenant voici, pour chacun, les cinquante francs promis! A ce soir! Ici, au rendez-vous!

PIERROT, POLICHINELLE, ARLEQUIN, (ensemble).

A ce soir!

LE MARCHAND.

Rien n'empêche que vous me régliez mes vingt-six francs à présent? Les bons comptes font les bons amis!...

POLICHINELLE (se grattant l'oreille).

Aïe! Je l'avais oublié!... Ça va déjà nous faire une brèche!... Enfin! (Il met les vingt-six francs dans la main du marchand. Celui-ci accompagne le saltimbanque qui rentre dans sa baraque. Reprise des cymbales et de la musique.)

UN CLOWN.

Entrez! entrez, messieurs et mesdames! Le spectacle commence!

ARLEQUIN (frappant sur sa poche).

Eh! eh! c'est gentil de se sentir le gousset garni! Qu'allons-nous faire maintenant?

POLICHINELLE.

J'ai le gosier desséché, moi! Après toutes ces émotions...

UNE MARCHANDE (s'avançant d'un petit coin où il y aura une table et des rafraîchissements).

Orgeat, groseille, grenadine, limonade, orangeade, anisette, curaço, chartreuse, bénédictine, absinthe!

ARLEQUIN.

Voilà notre affaire! Apportez trois verres d'absinthe, s'il vous plaît, la jolie marchande!

LA MARCHANDE (apportant une petite table).

Voilà, voilà, messieurs! (Ils s'installent tous trois autour de la table. La musique joue en sourdine l'air : « Oui, l'or est une chimère, et sachons nous en servir! », de *Robert le Diable*.)

ARLEQUIN (levant son verre).

Buvons! à notre nouvelle vie!

POLICHINELLE ET PIERROT (avançant leur verre et buvant ensuite).

Buvons!

PIERROT.

Ma foi, puisque le sort l'a voulu! (Il chante) :

(Imitant la parodie de *Robert le Diable*.)

O fortune! à ton caprice,
Oui, je livre mon destin.
Le chagrin donn' la jaunisse,

ARLEQUIN (riant et achevant).

Soyons gais, soir et matin.

POLICHINELLE.

Bravo, mes amis! Bravo, Pierrot! (Il lui verse à boire.)

PIERROT (boit, perd ses idées et s'excite. Levant son verre):

Plus d'obstacles! Plus de sermons! La liberté, l'indépendance et le plaisir!

TOUS LES TROIS (en chœur).

O fortune! à ton caprice,
Nous livrons notre destin,
Le chagrin donn' la jaunisse,
Soyons gais, soir et matin.

La toile se baisse au milieu du bruit de la grosse caisse, des cris du clown, du bruit des cymbales, des cris des marchands et de l'accompagnement, en sourdine, qui répète l'air de ce couplet pendant qu'il se chante.

(*La toile se baisse.*)

FIN DU DEUXIÈME ACTE

TROISIÈME ACTE

SCÈNE PREMIÈRE

Même décor qu'au premier acte. Mme Cassandre, assise devant une table, la lampe allumée, tient à la main un bonnet grec, qu'elle brode. De temps en temps, elle lève les yeux et regarde une photographie placée sur la table, à côté de sa boîte à ouvrage. Colombine, en face d'elle, tient un livre qu'elle ne lit pas. Elle suit des yeux les mouvements de sa mère.

Mme CASSANDRE, COLOMBINE

COLOMBINE (à part.)

Pauvre mère! C'est à lui qu'elle pense! (Haut.) Maman!

Mme CASSANDRE.

Quoi, mon enfant?

COLOMBINE.

Savez-vous que c'est demain la Saint-Charles!

Mme CASSANDRE.

Ah! oui, la fête de ton père! Il y a trois ans que nous ne la lui avons pas souhaitée... Depuis ce jour affreux!... (Elle se cache le visage en pleurant, et d'une voix désolée.) Ah! je n'ai plus de fils!...

COLOMBINE (embrassant sa mère.)

Maman! calmez-vous! Il reviendra. Quelque chose me le dit au fond du cœur. — Et puis, voyez-vous, ce matin, en pensant que c'était la fête de papa, j'ai beaucoup prié. J'ai demandé à Dieu de ramener mon frère... je compte sur l'effet, que produira le sujet du petit tableau que j'ai peint, pour l'offrir à papa.

Mme CASSANDRE.

Que le ciel t'entende, ma fille! Mais ton père a maudit l'enfant prodigue, et s'il revenait il ne voudrais pas le voir!

COLOMBINE.

Pendant que je m'habillais, dans ma chambre, j'ai vu un pauvre oiseau qui venait frapper de l'aile contre ma fenêtre. Je lui ai jeté quelques miettes de pain. Il paraissait si heureux. Ce petit oiseau m'a fait penser à mon frère! Ah! maman, si c'était l'annonce de son retour.

Mme CASSANDRE (tournant dans ses doigts son ouvrage.)

Voilà mon ouvrage terminé!

COLOMBINE.

Il a très bonne mine, votre bonnet grec, maman!
(Elle le prend et le retourne dans sa main.)

Mme CASSANDRE.

Oui, autrefois, nos petites attentions pour la fête de ton père, la moindre chose, faite par nous, lui causait un plaisir extrême; aujourd'hui, son cœur est fermé à tout, et je ne sais comment je puis songer à réveiller les chères habitudes du passé. (On frappe.) Qui est là?

COLOMBINE (allant à la porte et introduisant).

Maman, c'est Monsieur Moutonnet!

SCÈNE II

LES MÊMES, M. MOUTONNET

M. MOUTONNET (le tricorne sous le bras. Il tient un petit paquet noué avec une faveur rose.)

Chère dame! (Il s'incline.) Je suis bien indiscret, peut-être? Mais, mais... voyez-vous, la date de la Saint-Charles a réveillé les souvenirs de ma vieille amitié pour votre mari... Je n'y ai pas tenu, cette année... et tenez, vous me blâmerez, peut-être, je suis venu pour lui souhaiter sa fête!

Mme CASSANDRE (lui tendant la main.)

C'est une excellente idée, au contraire, Monsieur Moutonnet, une inspiration véritable, et je vous en remercie.

COLOMBINE (se penchant curieusement vers le petit paquet).

Je voudrais bien savoir ce que vous tenez là, avec tant de précaution, Monsieur Moutonnet.

M. MOUTONNET.

Eh! eh! la belle enfant! Nous ne sommes pas une fille d'Ève pour rien. Vous êtes une petite curieuse très aimable. Aussi je ne vous ferais pas languir plus longtemps. (Il défait le papier et montre une tabatière en or ou en argent.)

COLOMBINE.

Une tabatière en argent! C'était toute l'ambition de papa! Oh! mais elle est très belle! Maman, regardez donc?

Mme CASSANDRE.

Vraiment, Monsieur Moutonnet, vous faites des folies! J'ai envie de vous gronder.

COLOMBINE.

Non, ne le grondez pas, maman... Aujourd'hui il ne faut gronder personne. Monsieur Moutonnet, voulez-vous m'aider? J'ai quelques petits préparatifs à terminer. Nous allons disposer des fleurs sur cette table.

M. MOUTONNET.

Très volontiers, Mademoiselle!

COLOMBINE.

Suivez-moi; j'ai tout préparé là, dans le vestibule. (Elle sort, suivie de M. Moutonnet.)

Mme CASSANDRE (seule. Elle regarde la photographie de son fils).

Où est-il à cette heure? (Elle soupire.) Allons, il ne faut pas que je pleure! Je troublerais la joie de ma pauvre Colombine! (Colombine rentre avec un pot de fleurs dans les bras, suivie de M. Moutonnet qui en porte un autre.)

COLOMBINE.

Là, Monsieur Moutonnet, sur cette table, tout près de ce fauteuil. C'est la place favorite de papa. Maman, je vais placer votre bonnet grec au milieu des fleurs. J'ai encore quelque chose de l'autre côté. (Elle sort en courant et revient en portant deux bouquets semblables.) Voilà, Monsieur Moutonnet (elle désigne un pot de fleurs), le pot de fleurs que vous offrirez; maman l'autre… et…

Mme CASSANDRE.

Et ces deux bouquets?… Pourquoi deux bouquets?

COLOMBINE (très émue).

Pour moi… et… (brusquement) pour les deux enfants de papa.

14.

Mme CASSANDRE (se jetant dans ses bras et couchant sa tête sur son épaule).

Oh! ma fille chérie! (On entend gratter à la porte.)

M. MOUTONNET (après avoir prisé et s'être essuyé les yeux, à plusieurs reprises, pendant cette scène).

Quel est donc ce bruit derrière la porte? (Il va voir et recule, suivi de Pierrot qui apparaît avec ses vêtements en haillons, sales, son chapeau déformé. Il est pâle et défait, il marche courbé en deux et tendant la main.) Ah! mon Dieu, un mendiant!

PIERROT (d'une voix mourante).

Ayez pitié!... Je meurs de faim! (Il se laisse tomber (plancher.)

Mme CASSANDRE (s'élance vers lui avec Colombine).

Oh! le malheureux! (A M. Moutonnet.) Aidez-nous à le relever. (Tous les trois le relèvent et le traînent jusqu'au fauteuil.) Il est évanoui! Colombine, mon flacon, là sur la cheminée. (Colombine apporte le flacon et le lui fait respirer. Il entr'ouvre les yeux.)

PIERROT.

Où suis-je?

Mme CASSANDRE.

Cette voix! Dieu! mais... c'est lui!...

COLOMBINE.

Pierrot!

PIERROT (essaie de se lever).

Pardonnez-moi!

Mᵐᵉ CASSANDRE (jetant un cri et le recevant dans ses bras).

Mon fils! Malheureux enfant!... Dans quel état je le revois... Mais ton père?... Il faut le préparer... (On entend des pas.) Colombine, cache ton frère à côté dans ta chambre. (Pierrot disparaît par une porte avec Colombine.)

SCÈNE III

LES MÊMES, M. CASSANDRE

M. CASSANDRE (entrant et cherchant des yeux; il a l'air plus cassé, ses cheveux sont devenus gris).

Tiens, je croyais Colombine ici? Il me semblait avoir entendu plusieurs voix? Ah! mon cher Moutonnnet, je suis bien heureux de vous voir... vos visites sont rares maintenant?... Nous sommes si tristes ici... hélas! (L'air surpris.) Qu'est-ce que c'est que ces fleurs?

Mᵐᵉ CASSANDRE (timidement).

C'est aujourd'hui la Saint-Charles, mon ami!

M. CASSANDRE (il tombe assis dans le fauteuil.)

Oh! pour moi, maintenant, il n'y a plus de fête!

COLOMBINE (rentrant. Elle va vivement au devant de son père et se jette à son cou).

Cher papa! permettez-nous de vous offrir nos vœux et d'espérer qu'un jour...

M. CASSANDRE.

Espérer quoi, ma fille! Mon seul bonheur! c'est toi! (Prenant la main de sa femme.) C'est toi, ma chère femme, c'est vous deux, ma consolation suprême.

Mme CASSANDRE.

Alors, tu accepteras, comme autrefois, ce petit travail que j'ai fait à ton intention!

M. CASSANDRE.

Toujours bonne et attentionnée! Merci!

M. MOUTONNET.

Et moi, mon vieil ami, je connais votre faible pour une prise de tabac... Voilà un petit souvenir que je veux voir souvent à votre usage. (Il offre sa tabatière.)

M. CASSANDRE.

Mon bon Moutonnet! Merci! C'est trop! (Il soupire.

Oh! je serais bien heureux par vous tous!... si...
(Il s'arrête.)

COLOMBINE (à part.)

Comme je tremble!... (Haut.) Papa! Je sais combien vous aimez mes essais en peinture; j'ai composé pour vous un petit tableau... Tenez.

M. CASSANDRE.

Ah! voyons, qu'est-ce que c'est? (Il examine.) Quelque chose est écrit au bas : *Le Retour de l'Enfant prodigue.*

COLOMBINE.

Oui, papa, c'est un père qui pardonne à son fils.

M. CASSANDRE (ému).

C'est très bien fait, ma fille, très bien. Tu arrives à un talent véritable. Mais cette scène m'a toujours paru contraire à la vérité. Un père ne peut oublier ainsi, car, moi... je le sais, s'il était là,... je... le maudirais!... Je le chasserais!... (Colombine s'élance et revient avec Pierrot. A ce moment, la musique joue en sourdine l'air de : *Petit papa, c'est aujourd'hui ta fête.*

SCÈNE IV

LES MÊMES, PIERROT

Il se laisse traîner par sa sœur en se cachant le visage.

COLOMBINE.

Il est là!... il se repent... Pardonnez-lui!

M. CASSANDRE (se levant.)

Dieu! Lui!... Je ne veux pas le voir! (Il fait le geste de le repousser.)

COLOMBINE. (Elle prend un bouquet et met l'autre dans les bras de Pierrot; tous deux à genoux, elle dit lentement :)

Papa, vous rappelez-vous comme vous aimiez à nous entendre tous les deux quand nous venions, le jour de votre fête, vous apporter nos bouquets et vous chanter ce refrain que maman nous avait appris. Nous étions bien petits, pas plus hauts que votre genou; et alors, personne ne vous faisait de peine... Oubliez le reste, pensez à ce temps-là!...

COLOMBINE ET PIERROT (Ils chantent ensemble. Mme Cassandre et M. Moutonnel essuient leurs yeux. M. Cassandre tourne la tête de l'autre côté).

> Petit papa,
> C'est aujourd'hui ta fête,
> Maman m'a dit que tu n'étais pas là.
> J'avais des fleurs pour couronner ta tête,
> Un doux baiser pour réjouir ton cœur.
> Petit papa! petit papa!

M. CASSANDRE (Pendant ce couplet, il s'est retourné et, la tête dans ses deux mains, il pleure; puis brusquement, il attire la tête de son fils vers lui).

Mon petit Pierrot !

M. MOUTONNET (au public :)

C'est toujours vrai, voyez-vous, et cela a été dit dans l'Évangile, il y a bien longtemps : *la maison sera en fête, parce que* l'Enfant prodigue *est revenu !*

Pierrot et Colombine resteront à genoux devant leur père, qui prendra les bouquets de leurs mains. M. Moutonnet et Mme Cassandre debout de chaque côté du fauteuil s'empareront d'un pot de fleurs.

(*La toile se baisse.*)

FIN DU TROISIÈME ET DERNIER ACTE

LE PLUS BEAU PAYS

COMÉDIE EN 1 ACTE

PERSONNAGES

NORMAND ET NORMANDE, aubergistes.
ALSACIEN ET ALSACIENNE, marchands de balais.
AUVERGNAT ET AUVERGNATE, rétameurs.
(Enfants de 9 à 12 ans.)

LE PLUS BEAU PAYS

Un petit garçon, avec la blouse et le chapeau de feutre de l'Auvergnat, arrivera sur la scène tenant un chaudron à la main. Une petite fille, avec une robe et un casaquin rouge, un tablier de soie noire et le chapeau de paille traditionnel, garni de velours noir, posé sur un bonnet, le suivra, portant un paquet de parapluies. Les deux enfants feront leur entrée abrités sous un grand parapluie rouge.

SCÈNE PREMIÈRE

L'AUVERGNAT, L'AUVERGNATE

L'AUVERGNAT (accent auvergnat)

Vive l'Auvergne, fouchtra! Il n'y a que cha pour faire son chemin en ce monde! (Il crie.) Rétamer les chaudrons, les casseroles!

L'AUVERGNATE (fermant son parapluie).

Qui veut des parapluies, des parapluies! Raccommoder les beaux parapluies! (A son mari.) Dis donc, Franchois, faudra penser tout à l'heure à manger la choupe! Je commence à avoir un creux dans l'estomac!

L'AUVERGNAT.

Nous allons, bien sûr, rencontrer une auberge. Reste là, j'vas demander. Mais faut t'attendre à ne pas trouver la choupe aussi bonne que chez nous... Ah! dame! ch'est pas l'Auvergne ichi!

L'AUVERGNATE.

Tiens, regarde; il y a quelque chose d'écrit là-haut. Toi, qu'es un chavant qui chait lire, lis voir un peu si ch'est pas une auberge?

L'AUVERGNAT.

Justement, ch'en est une. Mais j'aperçois du monde qui vient, ch'est peut-être quelqu'un d'la boutique!

SCÈNE II

LES MÊMES, L'ALSACIEN, L'ALSACIENNE

L'Alsacien avec culotte courte, gilet rouge et casquette de fourrure; l'Alsacienne en jupe rouge, petit bonnet avec large nœud de ruban noir, corselet noir sans manches, guimpe à larges manches blanches, souliers à boucles; les cheveux séparés en deux nattes terminées par des nœuds de ruban noir. Tous les deux porteront des balais.

L'ALSACIEN (accent alsacien).

Qui veut tes palais? Des cholis p'tits palais?

L'ALSACIENNE (s'avançant vers l'Auvergnate).

Allons, ma cholie tame, achetez-moi un palai! (Elle en détache un et le lui offre.)

L'AUVERGNATE.

Laichez-moi tranquille, fouchtra! (A son mari.) En voilà des intrigants, ces marchands de balais! Ils vont nous faire du tort, bien sûr! Chez nous on ne voit pas de cha!

L'AUVERGNAT (à sa femme).

Tais-toi, faut pas les fâcher! Cha pourrait nous empêcher de réussir dans che pays! Chacun a chon petit orgueil, y faut leur montrer la politesse de l'Auvergne!!! (Aux Alsaciens en ôtant son chapeau.) Chalut!

L'ALSACIEN (accent alsacien).

Ponchour! Monsieur, Matame. Pourriez-vous me tire, à moi et à mon femme, où il est un endroit pour poire?

L'ALSACIENNE.

Oh! ia! que j'ai donc envie d'un pon chope de pière! Y fait choliment plus chaud ici qu'à Mittelbronn! (Elle s'essuie le front et pose ses balais.)

L'AUVERGNAT.

Mais, attendez?... Faut v'nir avec nous! V'là justement une auberge. J'espère que nous y trouverons de quoi boire et manger. J'vas frapper à la porte.

SCÈNE III

LES MÊMES, UN AUBERGISTE NORMAND ET SA FEMME

Le petit Normand portera un bonnet de coton, une blouse bleue; la Normande, un bonnet élevé, garni de barbes de dentelle, corselet de couleur, tablier de soie, chaîne au cou.

LE NORMAND (accent normand).

(Sortant par la porte de l'auberge avec un tablier de cuisine devant lui et son bonnet à la main.)

Qu'y a-til pour vot' service, mes bons Messieurs?

L'ALSACIEN.

Ponchour! nous fenons pour trinquer un coup! Fous afez de la pière, che pense?

LE NORMAND.

Mais oui! mais je n' vous engageons point à en boire! J'allons vous faire goûter d' mon cidre, c'est ben autre chose! Attendez, j'allons appeler not' bourgeoise! Hé! la Benoîte!

LA NORMANDE (arrivant et faisant la révérence).

Entrez, Messieurs, Mesdames! J'avons des huîtres fraîches, des huîtres qui viennent tout dré d' Cancale. Vous allez goûter ça!

L'AUVERGNAT.

Des huîtres! (Faisant la grimace et se tournant du côté de sa femme.) T'en as vu chez nous au marché de Clermont? Tu chais, ces petites chaletés qui n'ont ni pieds, ni tête! La marchande de poisson en portait toujours à la Préfecture!...

L'AUVERGNATE.

Ah! oui, j' men chouviens! Je me méfie de cha! J'aime mieux la choupe au choux!

L'ALSACIEN.

Et nous un pon chope, avec un plat de choucroute et nous nous récalerons! (Il fait claquer sa langue.)

LA NORMANDE.

Si vous voulez, j'vas vous installer, ici, au frais. Je trouverai peut-être ben queuqu' chose qui sera à votre goût. (Avec son mari elle va chercher une table et installe le couvert; elle apporte successivement : une omelette, du beurre, du pain, du cidre, du lait.)

L'ALSACIENNE (regardant mettre la table d'un air satisfait).

Eh pien! Tout te même nous allons pouvoir mancher. Che croyais tout à l'heure que tans ce pays on ne troufait rien à se mettre sous le tent!

L'AUVERGNATE.

C'est vrai, fouchtra! Moi aussi, je me suis dis cha : Après l'Auvergne, il n'y a plus rien de rien dans le monde! (Montrant la table.) Cha! ch'est quelque chose pourtant!

L'ALSACIEN.

Tous les pays de la France, foyez vous, c'est être de très bons pays et che tis, moi, foilà le férité!

L'AUVERGNAT.

Vous faites, sans doute, votre tour de France, les amis, pour vendre votre marchandise. (Montrant les balais.) Et nous aussi, nous voyageons pour notre petit commerche. Maintenant, je commenche à comprendre qu'y a partout de braves gens et qu'on peut boire et manger ailleurs qu'en Auvergne.

LA NORMANDE.

Mettez-vous à table alors et bon appétit. (Ils s'asseyent; le Normand et la Normande font passer les assiettes et leur versent à boire.)

LE NORMAND. (chantant).

Air : *Bon ouvrier, voici l'aurore* (du *Macon*, opéra d'Auber).

> N'oubliez pas la Normandie,
> Et surtout, son cidre bien doux;
> Il empêche la maladie
> Tout comme votre soupe aux choux.

LA NORMANDE.

Rappelez-vous bien cet adage :
On apprend beaucoup en voyage.
Mais, partout, chacun le dira :

CHOEUR

Préférence
A la France!
Le vrai pays, c'est celui-là! } bis.

L'ALSACIEN (tenant son verre).

Le ferre en main, l'âme choyeuse,
Ch'applautis tute la chanson,
Chusqu'au Rhin, chusque tans la Meuse,
Ch'emporterai ce toux poisson!
(Montrant le cidre.)

L'ALSACIENNE.

Il ne faut pas que che le taise :
(La main sur son cœur.)
Che suis une ponne Française,
Afec fus mon cœur chantera :

CHOEUR

Préférence
    A la France !   } bis.
Le vrai pays, c'est celui-là !

L'AUVERGNAT.

Mes bons amis, je vous le jure,
Si je parle de mon pays,
Ce sera sans vous faire injure :
Vantez le votre, ch'est permis !

L'AUVERGNATE.

Avec nous, dansez la bourrée,
Nous goûterons votre poirée,
Et plus fort on répétera :

TOUS EN CHOEUR.

Préférence
    A la France !   } bis.
Le vrai pays, c'est celui-là !

(Ils dansent une bourée et saluent).

(La toile se baisse).

BLANC ET NOIR

COMÉDIE EN 1 ACTE

PERSONNAGES

LE MAIRE DE VILLAGE, 8 ans.
FRANÇOIS, secrétaire du maire, 7 ans.
UN CHARBONNIER, 7 ans.
UNE CHARBONNIÈRE, 6 ans.
UN MEUNIER, 7 ans.
UNE MEUNIÈRE, 6 ans.

BLANC ET NOIR

La scène représentera une chambre avec meubles de bureau, bibliothèque, cartes et plans au mur. Le maire assis examinera des papiers sur le bureau. Le secrétaire, debout, se tiendra près de lui.

Le Maire (mettant ses lunettes et examinant un plan).

Voilà un très joli terrain avec de beaux arbres, un petit ruisseau le traverse. Je voudrais bien voir cet endroit occupé par des braves gens; des travailleurs qui fassent un métier utile et qui rapporte quelque chose au pays. Nous verrons, nous verrons! On frappe, je crois? (On frappe à la porte.) Entrez!

FRANÇOIS.

Monsieur le Maire, voilà des gens tout blancs qui voudraient vous parler!

LE MAIRE.

Des gens tout blancs! Qu'est-ce que c'est que ça?

FRANÇOIS.

Ma foi, je n'en sais rien. L'homme vous a une vraie tête de Pierrot. Nous ne sommes pourtant pas au carnaval!

LE MAIRE.

Bon! ce sont des gens qui se trompent, sans doute. Vous n'avez pas compris ce qu'ils ont demandé?

FRANÇOIS.

Faites excuse, Monsieur le Maire, je ne suis pas sourd. Ils ont dit : « Nous voulons voir M. le Maire! »

LE MAIRE.

Eh bien! alors, faites-les entrer. (Au public.) Un Maire se doit à tout le monde, même à ceux qui ont des têtes de Pierrot, comme dit notre secrétaire.

FRANÇOIS (sortant, puis rentrant suivi du meunier et de la meunière.)

Entrez! (Il se retire.)

LE MAIRE (les toisant en rajustant ses lunettes).

Que désirez-vous, braves gens?

Le Meunier (son bonnet de coton à la main, qu'il tourne et retourne d'un air embarrassé.)

Monsieur le Maire, si c'est un effet de votre bonté de nous écouter, moi et ma femme. (Il montre sa femme, qui fait la révérence), nous venons pour le petit terrain annoncé sur vos affiches. On nous a dit que vous vouliez le donner à ceux qui apporteraient un travail utile à votre commune; moi, sans *barguigner*, j'vas vous dire, tout de suite, ce qui m'occupe : je fais de la farine, et tenez, (montrant un petit sac de farine qu'il a apporté et que tient la meunière,) voilà ma marchandise!

La Meunière (faisant la révérence.)

Oui, M'sieu le Maire, voilà la marchandise!

(On frappe à la porte.)

Le Maire.

Entrez!

François.

Monsieur le Maire, ce sont des gens tout noirs qui voudraient vous parler.

La Meunière (à demi-voix à son mari.)

Des gens tout noirs! Qu'est-ce que ça peut bien être?

Le Meunier (de même.)

Attends! nous allons voir; si c'était encore pour ce terrain!

LE MAIRE.

Qu'est-ce que vous dites donc, des gens tout noirs?

FRANÇOIS.

Noirs comme le diable, Monsieur le Maire, aussi vrai que je m'appelle François.

LE MAIRE.

Ah! ça vous ne voyez que du blanc et du noir aujourd'hui. Faudra-t-il que j'aille les chercher? Allons, faites-les entrer?

FRANÇOIS (sortant et rentrant suivi du charbonnier et de la charbonnière.)

Entrez! (Il sort.)

LE CHARBONNIER (tournant dans ses doigts un chapeau de feutre noir à larges bords. Accent auvergnat).

Mochieu le Maire, j'ai ben l'honneur de vous chaluer.

LA CHARBONNIÈRE (s'avançant, avec une révérence).

Je vous chaluons, itou!

LA MEUNIÈRE (à son mari.)

Dis donc, ce sont des charbonniers!

LE MEUNIER (de même.)

Ils viennent pour le terrain, peut-être!

LA MEUNIÈRE (haussant les épaules.)

Si ça ne fait pas pitié! Des gens noirs comme ça!

LE MAIRE (au charbonnier.)

Que désirez-vous, mes braves gens?

LE CHARBONNIER.

Mochieu le Maire, faites excuse, nous venons pour le petit endroit, vous ch'avez. Si vous voulez ben nous le *bailler*, cha sera très convenable pour déposer notre marchandise.

LE MAIRE.

Faites-moi connaître votre marchandise?

LA CHARBONNIÈRE (ouvrant une petite caisse qu'elle a apportée).

En voici un échantillon. Comme vous voyez, Mochieu le maire, ch'est du charbon, du vrai charbon.

LE CHARBONNIER (avec feu).

Avec le charbon, on réchauffe le monde.

LA CHARBONNIÈRE.

Ch'est le charbon qui fait bouillir la choupe, et ch'est la choupe qui donne la santé aux enfants.

LA MEUNIÈRE (à son mari).

Ah çà! c'est donc toujours à leur tour de parler? La langue me démange!...

LE MEUNIER (à sa femme).

Attends, j'vas prendre ma revanche?

LE CHARBONNIER.

Le charbon!...

LE MEUNIER (très vite).

(Au charbonnier.) Et la farine!... faites escuse, M'sieu le Maire, mais, avec leur charbon, ces gens-là salissent tout, noircissent tout, voilà la vérité!

LA MEUNIÈRE.

Ils ont parlé de soupe; mais allez donc faire de la soupe sans la farine... Sans la farine pas de pain, et sans pain, pas de soupe! (Se tournant vers la charbonnière les deux poings sur les hanches.) Qu'y a-t-il à dire à ça?

LA CHARBONNIÈRE.

Mochieu le Maire, le charbon entre partout, dans la maison du riche, dans la maison du pauvre. L'hiver, tous les cœurs bénissent le charbon qui apporte la chaleur dans la pauvre mansarde, qui permet au père de travailler avec courage pour sa famille, qui empêche les petits enfants de souffrir du froid, d'avoir des engelures.

LA MEUNIÈRE.

Vous ne savez donc pas que la faim est plus cruelle encore que le froid. Votre charbon réchauffe, mais notre farine nourrit. Le pain va partout, au château comme à la chaumière. Combien de petits orphelins qu'un morceau de pain a sauvés! Vive la farine! C'est mon dernier mot!

LE CHARBONNIER.

Et moi je réponds : Vive le charbon! c'est Mochieu le Maire qui va juger l'affaire.

LE MAIRE (se levant, se frottant les mains).

Mes bons amis, vous avez tous raison. Il faut de la farine, il faut du charbon. Aussi je désire vous garder tous dans la commune. Voyons, nous allons tâcher d'arranger les choses. Le terrain est peut-être assez grand pour qu'on y construise le moulin du meunier et la cabane du charbonnier.

LE CHARBONNIER.

Pourvu que nous ne nous touchions pas.

LA MEUNIÈRE (avec dédain).

Que leur charbon ne noircisse pas notre farine!

LA CHARBONNIÈRE (ripostant).

Ma foi! si leur farine venait blanchir notre charbon, cha serait peut-être plus laid encore!

LE MAIRE.

Allons! tâchez de devenir de bons voisins. Je vous accorde la moitié du terrain à chacun. Vous, les charbonniers, vous construirez votre cabane à un bout, et vous les meuniers, votre moulin tournera son aile à l'autre bout, c'est entendu! Demain, on vous conduira sur l'emplacement que je vous donne et vous tacherez d'y faire fortune. Vive le charbon! vive la farine!

CHARBONNIERS ET MEUNIERS (ensemble, levant leurs chapeaux).

Vive Monsieur le Maire!

LA MEUNIÈRE (s'avançant et chantant).

Air populaire.

Semaine et Dimanche
Vraiment, c'est certain!
La farine blanche
Donne le bon pain.
A la ville au village,
Accueillez le meunier
Avec son blanc visage,
Son âne et son panier.

LA CHARBONNIÈRE.

Dans chaque famille,
Le matin, le soir,
Oui, le feu pétille
Grâce au charbon noir;
A la ville, au village,
Du pauvre charbonnier,
Malgré son noir visage,
Approuvez le métier.

Chœur :

Dans chaque famille,
Le matin, le soir,
Oui, le feu pétille
Grâce au charbon noir.
La la la la, etc.

Le Maire.

Dans notre commune
Venez, bonnes gens,
Faites-y fortune
Et soyez contents.
Qu'importe le visage
Le sort vous a conduits :
Noirs et blancs sans partage,
Il nous faut vos produits.

Chœur :

Dans cette commune,
Tous en bonnes gens,
Nous ferons fortune
Et vivrons contents.
La la la la la, etc.

(La toile se baisse.)

OMBRELLE ET PARAPLUIE

COMÉDIE EN 1 ACTE

PERSONNAGES

JACQUES, 6 ans.
LISETTE, 7 ans.
L'ONCLE BOULEDOGUE, 9 ans.

OMBRELLE ET PARAPLUIE

SCÈNE PREMIÈRE

JACQUES, puis LISETTE

JACQUES (à cheval sur un parapluie, il se promène, de long en large, sur la scène).

Allez! hue! hue donc! Que c'est commode un parapluie, ça remplace un cheval, au besoin! Ah! mais j'ai entendu craquer! Si mon parapluie était cassé! (Il l'examine de tous côtés.) L'oncle Bouledogue serait furieux, car, c'est lui qui me l'a donné pour ma fête... D'abord il ne donne jamais que des cadeaux utiles; il dit que c'est dans ses principes... (Il arrange son parapluie et tire soigneusement les plis.) Il n'y a pas de mal, heureusement. (Il se retourne et aperçoit sa sœur.) Ah! c'est toi, Lisette?

LISETTE (entrant avec une petite toilette printanière, un chapeau de paille et une ombrelle à la main).

Oui, je viens te chercher, nous allons à la promenade. Mon oncle nous emmène jusqu'à la ferme pour boire du lait et cueillir des coucous. Va vite mettre ton chapeau, il n'aime pas à attendre! (Elle veut lui prendre le parapluie.) Mais laisse-donc ton parapluie, il fait un soleil superbe!

JACQUES.

Que je laisse mon parapluie? oh! non, par exemple! Le soleil, ça m'est égal, j'aime cent fois mieux la pluie. Au moins, quand il pleut, j'ouvre mon parapluie et j'ai l'air d'un homme! (Il ouvre son parapluie.) Tiens, regarde plutôt!

LISETTE (riant).

Ah! ah! dans tous les cas, tu n'es qu'un bien petit homme et je ne te trouve pas plus imposant, avec ton parapluie, que quand tu n'en as pas!

JACQUES (se fâchant).

Comment? Tu ne vois donc pas, qu'avec un parapluie, on n'est jamais embarrassé, cela sert de contenance! Je ne sais pas qui est-ce qui a inventé les parapluies, mais, celui-là a eu une fameuse idée!...

LISETTE (frappant le plancher avec le bout de son ombrelle).

Eh! bien, moi, les parapluies m'agacent! Quand j'aperçois ce vilain objet (elle montre le parapluie de son frère) il me semble toujours qu'il va faire venir la pluie. Et alors, adieu mon ombrelle rose! Adieu mes jolies toilettes!... (Elle ouvre son ombrelle) Ah! l'ombrelle au moins appelle le soleil! (Elle se pavane en marchant.) Et puis, quelle tournure élégante cela vous donne!

JACQUES (brandissant son parapluie).

Peuh! tout ça, ce sont des idées de petite fille!... Le parapluie représente la force!...

LISETTE.

La force!... C'est le mérite des brutes!... L'ombrelle, au moins, ajoute de la grâce, de la distinction au maintien!... Tu ne m'as donc jamais vue assise dans un salon, à côté de maman, avec mon ombrelle à la main? Tiens, comme ceci? (Elle s'assied sur un fauteuil, très droite, avec son ombrelle devant elle).

JACQUES (riant).

Ah! ah! tu ressembles à une petite dame de bois!!!

LISETTE (furieuse).

Dame de bois! dame de bois! Tu me dis des injures maintenant!

JACQUES (avec violence).

Oui, plains-toi, tu m'as classé tout à l'heure dans les brutes!

LISETTE (levant son ombrelle et menaçant le parapluie).

Ce n'est pas à toi que j'en veux; c'est à ce maudit parapluie!

JACQUES (poussant dédaigneusement l'ombrelle du bout de son parapluie).

Laisse mon parapluie tranquille avec cette sotte petite machine!... (Ils se menacent tous les deux avec l'ombrelle et le parapluie. L'oncle Bouledogue apparaît et les sépare avec sa canne).

SCÈNE II

LES MÊMES, L'ONCLE BOULEDOGUE

L'ONCLE BOULEDOGUE (enveloppé dans une grande capote grise, avec le ruban rouge à la boutonnière, une canne à la main, l'air roide d'un ancien militaire).

Qu'est-ce que c'est! Qu'est-ce que c'est? On se dispute je crois... Brrrr! gare la salle de police, tout à l'heure!

JACQUES.

Mon oncle, c'est Lisette qui m'assomme avec son ombrelle. Elle veut m'empêcher de me promener avec mon parapluie!

L'ONCLE BOULEDOGUE.

Ah! par exemple, tu accuses ta sœur, je crois? C'est lâche ça, ce n'est pas d'un homme!... Tu mériterais les arrêts!... Qu'as-tu à dire, Lisette?...

LISETTE.

Ne le mettez pas aux arrêts, mon oncle... Mais il déteste mon ombrelle et c'est ce qui me fait de la peine.

JACQUES.

Et elle donc! elle a horreur de mon parapluie!

L'ONCLE BOULEDOGUE (riant et frappant le plancher avec sa canne).

C'est donc pour cela que vous alliez vous battre, nigauds? Dis-moi, toi, Jacques, qui est-ce qui a fait le soleil?

JACQUES (étonné).

C'est le bon Dieu!

L'ONCLE BOULEDOGUE.

Et qui est-ce qui nous envoie la pluie, Lisette?

LISETTE (interdite).

C'est le bon Dieu.

L'ONCLE BOULEDOGUE.

Alors, mes amis, cela veut dire que la pluie et le soleil nous sont aussi nécessaires l'un que l'autre, et, comme, en même temps, il faut nous en garantir parce que l'un nous brûle et que l'autre nous mouille, je constate que le parapluie et l'ombrelle sont deux objets qui méritent, tous les deux, qu'on ait pour eux des égards.

LISETTE.

Alors c'est Jacques qui a raison, peut-être?

JACQUES.

Eh! non, tu vois bien que c'est toi.

L'ONCLE BOULEDOGUE.

Vous avez raison tous les deux, mais votre tort est de vous montrer exclusifs pour un objet au détriment de l'autre. L'oncle Bouledogue, qui gronde toujours, ne vous grondera pas pour cette fois. Seulement vous vous rappellerez qu'il ne faut pas avoir d'idées arrêtées, ni s'entêter sans raisonner les choses. Voilà le soleil qui sourit à l'ombrelle de Lisette, mais j'aperçois, là-bas, un nuage qui nécessitera peut-être le parapluie de Jacques. En route, mes enfants, prenez parapluie et ombrelle, ce sera plus prudent.

Lisette (ouvrant son ombrelle, se penche vers Jacques).

Si tu as trop chaud, je te garantirai avec mon ombrelle!

Jacques (ouvrant son parapluie et couvrant sa sœur avec lui).

Et toi, tu viendras t'abriter sous mon parapluie!

L'oncle Bouledogue (derrière les deux enfants levant sa canne en l'air).

Bravo! De cette façon je n'aurai plus besoin de ma canne pour vous séparer? Et ce sera le cas de répéter : *Après la pluie, le beau temps !*

(Ils saluent).

(*La toile se baisse.*)

DANS LES PYRÉNÉES
COMÉDIE EN 2 ACTES

PERSONNAGES

JEANNETTE, vieille grand'mère, 12 ans.
ANITA, sa petite fille, 7 ans.
Monsieur DUCHEMIN, touriste, 12 ans.
JULES, 8 ans.
MARIE, 7 ans.
PEDRO, guide des Pyrénées, 10 ans.
DOLORÈS, femme de Pedro, 9 ans.
PEPA, fille des précédents, 7 ans.

DANS LES PYRÉNÉES

PREMIER ACTE

La scène représentera une route avec quelques plantes, des bruyères à droite et à gauche. Sur le bord de la route, Jeannette la vieille grand'mère en robe sombre et capulet noir, costume usé, sera assise, tenant son chapelet dans les doigts, à côté d'elle une canne. Sa petite fille Anita, robe bleue, en sabots, capulet rouge, à quelques pas d'elle, cueillera des fleurs et fera un bouquet. M. Duchemin, Jules, son fils et Marie, sa fille, porteront des costumes de voyage. Pedro, avec béret bleu, veste rouge, culotte de velours noir, guêtres de laine blanche; Dolorès en robe sombre, tablier de soie noire, capulet rouge, quenouille au côté; Pepa avec robe bleue et capulet garni de velours noir.

SCÈNE PREMIÈRE

JEANNETTE, ANITA

ANITA (arrangeant une fleur à son bouquet).

Voilà mon petit bouquet fini! S'il passait maintenant quelque belle dame pour me l'acheter, que je serais contente! (Elle prête l'oreille.) J'entends siffler, il me semble? On dirait la voix de Pedro! Si c'était lui, avec des étrangers?

JEANNETTE.

Anita! Anita! Où es-tu donc, ma fille?

ANITA.

Me voici, grand-mère. Oh! je n'étais pas loin. Je finissais mon bouquet, il est bien joli. J'ai trouvé des bluets, des marguerites, et puis, vous savez, cette jolie reine des prés que vous me recommandez toujours de cueillir.

JEANNETTE.

Oui, c'est vrai, parce que je sais que les dames étrangères, qui visitent nos montagnes, la recherchent beaucoup. (Elle écoute.) Mais je ne m'étais pas trompée, entends-tu le chant du guide? C'est la voix de Pedro.

Il accompagne sans doute quelqu'un. Regarde donc du côté du sentier, c'est de ce côté-là qu'ils vont arriver.

ANITA.

Tout à l'heure il m'avait semblé aussi entendre siffler le guide. Allons voir! (Elle s'élance sur un des côtés et revient.) Les voici! Je les ai vus! Un monsieur et deux enfants, une petite fille et un petit garçon. Oh! grand'mère, s'ils voulaient acheter mon bouquet!

(Elle se place un peu en avant, près de sa grand'mère, tenant son bouquet à la main.)

SCÈNE II

LES MÊMES, PEDRO, M. DUCHEMIN, JULES ET MARIE

ANITA (s'avançant vers la petite fille, d'un air timide).

Achetez les fleurs, les jolies fleurs de la montagne!...

MARIE.

Papa, me permettez-vous d'acheter ce petit bouquet? Je voudrais le rapporter à maman puisqu'elle es restée à l'hôtel.

MONSIEUR DUCHEMIN.

Je veux bien. Cette petite fille est de ton âge, regarde, Marie. Cette vieille femme doit être sa grand'mère. (Se tournant vers le guide.) Les connaissez-vous Pedro?

PEDRO.

Oh! oui, je les connais, Monsieur. La petite est la fille d'un guide qui s'est tué il y a deux ans en allant du côté de l'Espagne. C'était un bon camarade, mais si hardi, si imprudent!... Je lui prédisais toujours qu'il périrait d'accident!... Enfin... Il a laissé sa vieille mère et cette enfant. Ce sont nos deux voisines. Elles ne sont pas heureuses, *les pauvres!* La petite vend des fleurs quelquefois aux étrangers, la vieille fait des tricots...

JULES (tirant son père par la main).

Papa, venez parler à la grand-mère?

MARIE.

Voyez, papa, elle porte un capulet comme toutes les femmes que nous avons rencontrées; et la petite fille aussi, mais le sien est plus joli. J'aime beaucoup les capulets rouges!...

MONSIEUR DUCHEMIN (s'approchant de la petite fille et lui donnant dix sous).

Tenez, mon enfant, voilà pour ce bouquet.

ANITA.

Merci, Monsieur!

MONSIEUR DUCHEMIN.

C'est votre grand'mère?

ANITA.

Oui, Monsieur.

MONSIEUR DUCHEMIN.

Est-ce qu'elle est aveugle?

ANITA.

Pas tout à fait, Monsieur; elle voit encore assez pour tricoter, mais cela lui fatigue les yeux. Alors de temps en temps, pour se reposer, elle m'accompagne ici pendant que je fais mes bouquets.

PEDRO (à demi-voix).

Oui, et c'est comme cela qu'elles gagnent quelques sous.

MONSIEUR DUCHEMIN (faisant quelques pas vers la grand'mère).

Bonjour, ma brave femme; vous avez là une bonne petite fille qui vous aime bien. (Il touche la tête d'Anita.)

JEANNETTE (se levant et joignant les mains).

Si elle m'aime, Monsieur? La chère créature du bon Dieu! C'est elle qui remplace toute ma famille! Depuis que j'ai perdu mon pauvre fils et sa femme, je n'ai plus qu'elle. Si vous saviez comme elle est douce, intelligente, comme elle se remue dans le ménage. Et de l'esprit donc! Elle vous a des raisons comme si c'était Monsieur le curé qui parlait.

MONSIEUR DUCHEMIN.

Alors elle vous console, je le vois, de vos chagrins. Où demeurez-vous?

JEANNETTE (montrant du doigt).

Là-bas, au village qui se trouve au-dessous de ce tournant. Pedro nous connaît bien, nous sommes voisins.

PEDRO.

Eh! oui, et Anita est la camarade de ma petite

Pepa. (Il touche amicalement la fillette.) N'est-ce pas, petite?

ANITA (secouant la tête).

Oui, mais Pepa va à l'école presque toute la journée, et, quand elle revient, moi je prépare les laines de grand'mère; nous ne pouvons pas jouer ensemble bien souvent.

MARIE (à Anita).

Est-ce que votre grand'mère tricote de ces jolis objets comme nous en avons vus à Bagnères? Est-ce qu'elle fait aussi des robes de poupée, des bérets, des pèlerines de laine?

ANITA.

Tout cela, oui, mademoiselle. Il y a même chez nous, dans ce moment, tout un assortiment de ces choses-là. Les petites demoiselles et les belles dames, qui passent, viennent souvent les regarder et en acheter.

MARIE.

Oh! papa, que je voudrais voir ça!

PEDRO.

Alors, si Monsieur veut, il n'y a qu'une chose à

faire, c'est de retourner en arrière et de venir vous reposer tous à ma maisonnette.

JULES.

Oh! oui, papa! D'ailleurs notre promenade était presque achevée. Pedro nous montrera les jolis herbiers dont il nous a parlé, n'est-ce pas, Pedro?

PEDRO.

Certainement, mon petit Monsieur, même, avec la jeune demoiselle, vous pourrez boire du lait de chèvre que ma femme vous servira. Allons, ma brave Jeannette, dégourdissez vos vieilles jambes et suivez-nous. Viens, Anita.

MONSIEUR DUCHEMIN.

Nous vous suivons, Pedro. Puisque cela vous est agréable, mes enfants, je ne demande pas mieux que de faire plus ample connaissance avec nos montagnards, et si je peux leur rendre quelque service...

MARIE.

Oh! oui, papa! Pauvre petite Anita, que je la plains d'avoir perdu ses parents!... Que c'est triste!

PEDRO.

En route chez Pedro! Dans un quart d'heure nous

serons arrivés. Je vais chanter pour nous annoncer (1).

(Il entonne un refrain du pays. M. Duchemin le suit avec Jules puis Anita et Marie, à côté l'une de l'autre; la grand'mère ferme la marche en s'appuyant sur sa canne).

(*La toile se baisse.*)

FIN DU PREMIER ACTE

DEUXIÈME ACTE

La scène représentera l'intérieur d'une petite maisonnette. Une table sur l'un des côtés de la pièce, recouverte de feuilles de papier gris avec quelques plantes sèches; un album entr'ouvert, contenant des pages d'herbier. Une boîte à herborisation suspendue au mur. Un capulet rouge sera accroché; dans un coin on verra des cannes, des piques de montagne, une quenouille. Par la porte du fond restée entr'ouverte on apercevra Dolorès à genoux devant une chèvre qu'elle achèvera de traire. (Supprimer à volonté ce dernier détail.)

---

(1) On fera chanter, si l'on veut, un air populaire connu.

SCÈNE PREMIÈRE

DOLORÈS, PEPA

PEPA (debout devant la table où sont les herbiers, elle touche une fleur du doigt).

Comme il arrange bien ses fleurs, papa! On n'aperçoit pas un brin de colle; moi, quand j'essaie, j'en laisse toujours tomber sur le papier, à côté de la fleur, et cela fait une tache. Maman dit que je réussirai mieux quand je serai plus grande... (Elle soupire.) C'est ennuyeux d'être petite!

DOLORÈS (rentrant avec une écuelle de lait à la main).

Veux-tu boire du lait, Pepa? J'ai fini de traire la chèvre.

PEPA.

Merci, mère, je n'ai pas soif.

DOLORÈS.

Alors je vais le mettre dans l'armoire et si dans la soirée quelqu'un s'arrêtait chez nous, comme c'est arrivé hier, pour demander du lait de chèvre, cette fois, au moins, je pourrais en offrir.

PEPA.

Mère, est-ce que je peux aller un instant chez Jeannette pour jouer avec Anita?

DOLORÈS (s'installant avec sa quenouille).

C'est inutile, petite; elles sont dehors toutes les deux. Je le sais, parce que tout à l'heure, on est venu pour commander un jupon de laine à Jeannette, et c'est moi qui me suis chargée de la commission.

PEPA.

Mère, pourquoi ne me laisses-tu pas aussi partir avec Anita et sa grand'mère, quelquefois? J'aimerais bien mieux cueillir des fleurs dans la montagne que d'aller tous les jours à l'école.

DOLORÈS.

C'est cela, tu resterais une petite ignorante, et plus tard qu'est-ce que tu deviendrais? Tu mendierais comme tant d'autres qui n'ont rien appris quand ils étaient petits. Anita ne peut pas quitter sa grand-mère, sans quoi elle irait à l'école. La pauvre petite a eu le malheur de perdre ses parents, mais toi, tu as les tiens, qui travaillent et qui gagnent de l'argent pour te faire vivre et te faire instruire. Il faut déjà que la petite camarade essaie d'ajouter quelques sous à ce que gagne la pauvre Jeannette.

PEPA (écoutant).

Mère, entends-tu? On dirait la voix du père.

DOLORÈS.

Tu te trompes, il ne devait rentrer que ce soir assez tard.

PEPA.

Pourtant je t'assure... Laisse-moi voir un peu?... (Elle va sur la porte et regarde.) Mère! Mère! (Elle revient en frappant joyeusement des mains.) Je ne me suis pas trompée, voilà papa. Il arrive avec des étrangers et j'ai reconnu Anita et sa grand'mère qui les accompagnent...

DOLORÈS (s'agitant).

Mais alors, ils vont entrer ici, c'est sûr! Mettons vite un peu d'ordre. (Elle va et vient, range les chaises.)

SCÈNE II

LES MÊMES, PEDRO, M. DUCHEMIN, JULES, MARIE, ANITA
ET JEANNETTE

PEDRO (à M. Duchemin).

Entrez, Monsieur. Voilà ma femme et ma petite Pepa. Dolorès, as-tu du lait de chèvre? La petite demoiselle a bien soif et faim aussi, peut-être?...

PEPA (courant au devant d'Anita qu'elle embrasse).

Bonjour, Anita! Comme tu as chaud! Ton front est tout mouillé.

DOLORÈS.

Il fait si chaud, ce n'est pas étonnant qu'on ait soif! (Offrant une chaise à M. Duchemin.) Monsieur, reposez-vous! (A Marie.) Vous aussi, ma jolie demoiselle. (A Jules.) Et vous, mon petit monsieur, (Elle va à son armoire.) Je ne peux vous offrir que du lait et du pain, mais c'est le lait de notre chèvre et je l'ai tiré tout à l'heure. Pour le pain, vous trouverez de la différence avec celui de l'hôtel!... Enfin, quand l'appétit est là, il se mange tout de même. (Tout en parlant, elle couvre a table d'une nappe de linge écru et place des assiettes, des tasses, des verres; elle pose la cruche de lait, un pain de seigle, etc., etc.) Approchez-vous de la table, monsieur. (Jeannette sort suivie d'Anita et de Pepa.)

MONSIEUR DUCHEMIN.

Mes enfants feront honneur à tout cela, ils aiment beaucoup le lait de chèvre et le pain de seigle; quant à moi, je ne prends jamais rien entre les repas. Marie, mange, mon enfant. Et toi, Jules, que regardes-tu?

JULES (qui examine les albums et les feuilles d'herbier).

J'aperçois les herbiers de Pedro, je voudrais bien les ouvrir?

PEDRO (qui coupe du pain en aidant sa femme).

Je vais tout vous montrer, mon petit monsieur; mais mangez d'abord. Je vous dirai le nom de nos jolies plantes des Pyrénées; même, si vous voulez je vous en donnerai à emporter, puisque vous les aimez. (Jules vient s'asseoir à côté de sa sœur).

DOLORÈS (regardant autour d'elle).

Où est donc allée Jeannette? Je ne la vois plus. (A Pedro) Elle est bien entrée avec vous, pourtant? La pauvre vieille! Je voulais la faire rafraîchir!

PEDRO.

Elle est allée chez elle, chercher sa marchandise, et les enfants l'auront suivie probablement. Les voici qui reviennent!

SCÈNE III

LES MÊMES, JEANNETTE, ANITA ET PEPA (ces trois dernières restent ensemble sur la scène).

JEANNETTE (portant un paquet d'objets de laine).

Monsieur voudrait-il donner un coup d'œil à mes châles, à mes fichus? Est-ce qu'il ne voudrait pas en acheter un rose ou un bleu à la jeune demoiselle?

MARIE.

Papa, je voudrais bien en rapporter un à maman.

MONSIEUR DUCHEMIN (touchant un fichu).

Combien vendez-vous celui-ci?

JEANNETTE.

Trois francs, monsieur! A Bagnères, vous le paieriez cinq francs. Ces marchands sont si voleurs! Trois francs, ce n'est pas cher, je vous assure, voyez le tricot?

MONSIEUR DUCHEMIN.

Quelle couleur faut-il prendre pour ta mère, Marie?

MARIE.

Blanc, papa! Maman n'aime que les fichus blancs.

MONSIEUR DUCHEMIN.

Bon! Donnez-moi celui-là, alors? (A Marie.) Et toi, tu n'en as pas envie? As-tu besoin d'un fichu?

MARIE (se rapprochant d'Anita et de Pepa, qui tiennent des robes de poupée).

Papa, je crois que ma poupée a plus besoin de quelque chose que moi. (Très sérieusement.) Oui, elle a grand besoin d'une robe de laine... et puis d'un béret... et puis...

MONSIEUR DUCHEMIN (se rapprochant et riant).

Vraiment! Elle manque de tout, cette poupée!... (Il regarde les petits objets. A Jeannette.) C'est vous qui faites tout cela, ma brave femme? Mais vous voyez à peine clair, je crois?

DOLORÈS (se rapprochant).

Oh! Monsieur, elle travaille tant, *la pauvre!* Et pour gagner si peu, car les marchands ne lui paient pas sa peine, je vous assure!

(Pedro et Jules, pendant ce colloque, continuent à regarder les herbiers et les albums.)

MONSIEUR DUCHEMIN.

Il me vient une idée, en voyant ces objets-là :
je connais une grande maison de bonneterie à Paris,
à laquelle je vais recommander vos tricots de poupée.
On pourra, peut-être, en faire un comptoir spécial et
on vous les paiera beaucoup mieux qu'on ne le fait
dans ce pays-ci. Vous aurez des commandes régulières et cela vous assurera, tous les ans, une somme
sur laquelle vous pourrez compter.

PEDRO (qui a écouté et redresse la tête).

Oh! Monsieur, quelle bonne idée vous avez là!
Depuis longtemps, en voyant la pauvre vieille se
fatiguer pour si peu, je me disais : Il doit y avoir
mieux à faire avec son travail, car c'est du joli travail, on peut le dire, mais je n'aurais rien trouvé...
Eh bien! Jeannette, vous ne remerciez pas Monsieur?...

JEANNETTE (joignant les mains).

Monsieur... pardonnez-moi!... Je ne suis qu'une
pauvre femme, je ne sais pas vous dire merci comme
il faudrait!... Anita, approche-toi, mon enfant. C'est
pour elle, Monsieur, que je suis heureuse, car maintenant, je pourrai l'envoyer à l'école... Elle apprendra
autre chose qu'à faire des bouquets...

PEPA (se rapprochant et donnant la main à Anita).

Quel bonheur, Anita! Nous partirons chaque matin ensemble et nous ne nous quitterons plus.

MONSIEUR DUCHEMIN (tirant un papier de sa poche).

Je vais laisser ici l'adresse de la maison de Paris dont je viens de vous parler; dès à présent, tout ce qui se trouve prêt de vos ouvrages, pour les poupées, vous ferez bien de l'emballer, ma bonne Jeannette. — Pedro, vous vous chargerez de faire l'expédition en son nom, n'est-ce pas?

PEDRO.

Certainement, Monsieur; Jeannette ne sait pas écrire... J'enverrai le ballot dès demain. (Il prend un album sur la table.) Monsieur, permettez-moi d'offrir à vos enfants une de mes collections de plantes. Ce n'est pas grand'chose, mais cela leur rapppelera nos montagnes?

MONSIEUR DUCHEMIN.

Nous ne les oublierons pas, mon ami, et nous y reviendrons.

DOLORÈS.

N'est-ce pas Monsieur, il faudra l'an prochain revoir

la maisonnette où vous avez apporté de la joie et du bonheur!

MARIE (donnant la main à Jules).

Je crois que nous nous rappellerons toujours cette promenade, avec plaisir Jules, qu'en dis-tu? Il n'y a pour moi qu'un regret au fond du cœur : c'est que maman n'y était pas.

JULES.

Mais ce soir, nous lui raconterons tout ce qui s'est passé, et, avant notre départ, elle vous enverra ici du monde de l'hôtel, vous pouvez y compter.

JEANNETTE.

Et nous, tous les jours, du fond des Pyrénées, nous bénirons le cœur généreux des petits enfants de Paris.

(Ils saluent.)

(*La toile se baisse.*)

FIN DU DEUXIÈME ET DERNIER ACTE

LA CORBEILLE DE FRAISES

COMÉDIE EN 1 ACTE

PERSONNAGES

FRANÇOIS, jardinier, 10 ans.
JULES, 8 ans.
RENÉ, 6 ans.

LA CORBEILLE DE FRAISES

SCÈNE PREMIÈRE

Sur le devant de la scène, on simulera une plate-bande avec quelques pots de fraisiers, Jules arrivera en fredonnant, un petit panier à la main, un grand chapeau de paille sur la tête. Le jardinier se tiendra à quelque distance, une bêche à la main, un grand chapeau et un tablier à bavette.

JULES (chantant).

Air populaire

Nous avons un charmant rosier, (bis.)
Qui porte rose au mois de mai. (bis.)

Ah! voici les fraisiers! Que je suis étourdi! Je viens de faire le tour du jardin sans les trouver, et ils étaient là, juste à l'entrée!... Il fait une chaleur!... Je vais m'asseoir un peu. (Il regarde de côté et d'autre et aperçoit le jardinier.) Tiens, François est là? Bonjour, François.

François (s'avançant et touchant son chapeau).

Eh! bonjour, Monsieur Jules! Comment, c'est déjà vous? Si matin!...

Jules.

Ça vous étonne, François?

François.

Ma foi, d'ordinaire, à l'heure où les merles sifflent, les petits garçons de votre âge sont encore dans leur lit.

Jules.

Oh! les autres jours, je n'ai pas trop envie de me lever, mais ce matin quelque chose m'a poussé hors du lit. Voulez-vous que je vous dise quoi? Mais c'est un secret, il ne faudra pas en parler. Mon frère René même n'en sait rien.

François (se grattant l'oreille).

Un secret! Un secret! Dam! le père François n'est pas bavard. C'est bon pour les pies et les vieilles femmes! Mais si votre secret était un mauvais secret, ma fine! je ne réponds pas de ma langue.

Jules.

Un mauvais secret! Oh! non! Écoutez, père François ; c'est une surprise que je veux faire à bonne maman. Ce soir, c'est sa fête et je veux lui offrir une corbeille de fraises cueillies par moi. Je me suis levé de bon matin pour les avoir toutes fraîches. Voyez, voilà, mon petit panier que j'ai apporté exprès. Je le recouvrirai avec de grandes feuilles et quand on se réunira pour fêter, moi je présenterai aussi mon cadeau. Je suis sûr que papa et maman seront enchantés de mon idée. Mais vous ne m'écoutez pas, à quoi pensez-vous donc, père François?

François (le coude sur sa bêche et le menton dans sa main, demeure rêveur).

Je pense,... je pense... que c'est gentil les enfants qui font des surprises à leurs grands parents... Mais!... enfin... cela ne me regarde pas!... Et Monsieur René, lui, qu'est-ce qu'il fera pendant que vous offrirez votre corbeille? M'est avis qu'il sera tout honteux de n'avoir rien à donner.

JULES (étourdiment).

René! Ah! tant pis, pourquoi n'y a-t-il pas songé le premier? Je ne l'ai pas empêché de faire comme moi. Mais, il est temps que je me mette à l'ouvrage si je veux avoir fini avant qu'on ne soit levé dans la maison.

FRANÇOIS.

Allez! allez! Faites, Monsieur Jules; que je ne vous gêne pas. Mais, au moins, n'allez pas écraser mes fraisiers! (Il s'éloigne de quelques pas à gauche) (à part) C'est égal, ce pauvre petit Monsieur René, il me semble qu'il aura du chagrin. Enfin... enfin... cela ne me regarde pas. (Il se remet à tailler un arbuste.)

SCÈNE II

LES MÊMES, RENÉ

RENÉ (accourant et lançant son chapeau en l'air quand il aperçoit son frère).

Te voilà! Jules! Qu'est-ce que tu fais? Tu cueilles

des fraises... Ah! gourmand, va! c'est pour les manger sans moi!

JULES (contrarié).

Non, ce n'est pas pour les manger. Mais ne t'occupe pas de moi. A-t-on jamais vu un curieux pareil?... Tu aurais bien fait de rester encore une heure dans ton lit.

RENÉ (chagriné).

Oh! mon bon Jules, pourquoi es-tu fâché? Je t'ai entendu remuer dans la chambre, ça m'a réveillé et j'ai été tout étonné de voir que tu avais l'air de te sauver sans rien me dire. Ordinairement, nous jouons toujours ensemble, pourquoi ne voulais tu pas de moi aujourd'hui?

JULES (attendri).

(A part.) Le père François avait raison, j'allais faire de la peine à ce pauvre René. (Haut.) René, écoute-moi : j'ai été tout à l'heure un vilain égoïste, j'ai voulu cueillir tout seul des fraises afin de les offrir à bonne maman pour sa fête. J'aurais dû t'avertir pour que nous nous réunissions en lui faisant cette surprise...

RENÉ.

C'est vrai, c'est sa fête, ce soir; je n'y pensais pas!... (Tristement.) Oh! mais, je vais pleurer quand je me trouverai devant elle les mains vides.

JULES (l'embrassant).

Non, tu ne pleureras pas, et moi, je le sens maintenant, je serai bien plus heureux encore d'offrir à bonne maman ma corbeille avec toi. Je la connais, elle n'aurait rien dit, mais elle aurait été peinée de ne pas nous voir tous les deux ensemble devant elle.

RENÉ.

Alors, tu veux bien que je cueille aussi des fraises?

JULES.

Mais, certainement, mon petit René.

FRANÇOIS (se rapprochant).

(A part.) A la bonne heure, les voilà ensemble. Les enfants, c'est étourdi, mais le cœur n'est pas mauvais! Bonjour, Monsieur René! Vous voilà de la partie, à présent? Attendez, je vas vous donner un coup de main, ça ira plus vite. Oh! prenez garde, votre pied vient d'aplatir un fraisier.

RENÉ (riant).

Il se redressera, il se redressera, ne vous désolez pas, père François. Est-ce que les fraisiers vous donnent beaucoup de mal? Expliquez-nous donc un peu comment vous faites pour qu'ils produisent et donnent de belles fraises comme celle-ci? (Il montre une fraise.)

FRANÇOIS (les deux mains appuyées sur sa bêche et regardant les enfants qui cueillent les fraises).

Oh! pour ça je peux dire que c'est une occupation. D'abord, si je plante des fraisiers nouveaux, c'est au mois d'octobre qu'il faut le faire et je dois d'abord les préserver de ces vilains vers qui sont leurs grands ennemis.

JULES (levant la tête).

Quels vilains vers?

FRANÇOIS.

Ceux qu'on appelle des vers blancs. Vous savez bien, mon petit Monsieur, ces vers qui se changent en hannetons plus tard.

JULES.

Tiens! non, je ne savais pas. Alors, père François?...

FRANÇOIS.

Eh bien, alors, ces vers dévorent les racines des jeunes fraisiers. Pour les en empêcher, quand j'ai fait avec ma bêche un trou assez grand, je place au fond une bonne couche de feuilles de châtaignier et je plante le fraisier par-dessus. Les feuilles de châtaignier empêchent le ver blanc d'arriver aux racines.

RENÉ.

Tous les ans, il faut que vous plantiez d'autres fraisiers.

FRANÇOIS.

Oh! non. Le fraisier se reproduit de plusieurs manières. Ainsi, voyez les espèces qui ont de grands fils, comme ceux-ci, se reproduisent tout seuls. C'est par ces fils, qu'on appelle des *coulants*, que sort la graine. Lorsqu'on l'a recueillie, il faut débarrasser les fraisiers de ces coulants qui menaceraient de tout envahir. Mais, Monsieur René, vous cueillez mal les fraises, vous les écrasez dans vos doigts, elles ne seront plus présentables. Laissez-leur une petite queue, elles se tiendront plus fraîches. C'est déjà assez malheureux que vous ayez eu l'idée de les cueillir le matin.

JULES.

Assez malheureux!... et pourquoi ça, père François?

FRANÇOIS.

Parce que les fraises cueillies le soir sont plus parfumées; mais que ceci ne vous décourage pas, on fait comme on peut! Vous le saurez pour une autre fois.

RENÉ (se redressant).

Ah! voilà notre corbeille à moitié pleine. (Les contemplant.) Qu'elles sont jolies et appétissantes! C'est bien dommage d'attendre jusqu'à ce soir pour les offrir!

JULES (réfléchissant).

C'est vrai; si nous avions consulté François, nous ne les aurions cueillies que vers cinq heures, un peu avant le dîner. Ce soir, elles ne seront ni bonnes, ni présentables. Qu'en pensez-vous, père François?

FRANÇOIS.

Ma fine! mon petit Monsieur, je n'avais pas de conseil à vous donner, mais puisque vous l'avez trouvé tout seul, à votre place, je ne ferais ni une, ni deux, j'offrirais la corbeille au déjeuner au lieu d'attendre le dîner. Ça ne changera rien à la fête et mes fraises au moins feront belle figure. Tandis que ce soir! Eh mais, vous comprenez, chacun a son petit orgueil!... moi j'ai celui de mes plantes!... Je les ai assez soignées, assez arrosées, allez!

Jules (l'interrompant).

Là, c'est fini, la corbeille est pleine. Ce soir, père François, quand nous reviendrons au jardin, nous vous dirons comment bonne Maman les aura trouvées. Que je suis content de n'avoir pas à attendre toute une longue journée pour lui faire notre petite surprise. Et toi, René?

René.

Oh! moi aussi! D'abord, je crois que je n'aurais pu garder le secret aussi longtemps. Tiens, vois-tu là-bas, les volets de bonne Maman qui sont ouverts? Elle doit être levée!

Jules.

Dépêchons-nous de rentrer, elle serait bien étonnée de ne pas nous voir arriver dans sa chambre à l'heure habituelle pour lui dire bonjour. Elle nous aime tant! Elle nous appelle ses petits bâtons de vieillesse.

RENÉ.

Et comme elle s'amuse avec nous! Comme elle nous raconte de belles histoires! Comme elle nous comprend bien! Par moment, je me figure qu'elle a notre âge!

JULES.

Oh! c'est bien vrai. Elle a beau avoir des cheveux blancs, bonne Maman est toujours jeune!

RENÉ (s'avançant en tenant la corbeille à la main).

Je me vois déjà devant elle, avec toi, comme cela. Place-toi de l'autre côté de la corbeille. Qu'en dites-vous, père François?

FRANÇOIS (s'essuyant les yeux).

Je dis que c'est un joli tableau. Oui, tenez, ça m'attendrit!... Oh! les enfants! les enfants! On en est tout bête, quand on les regarde.

JULES.

Ne pleurez pas, riez plutôt, père François, et écoutez cette petite chanson que nous chanterons à bonne Maman et qui fera honneur à vos fraises.

THÉATRE DU JEUNE AGE

JULES ET RENÉ.

Air : Dodo, l'enfant do, etc., etc.

Tin, tin,
Le matin,
Nous avons cueilli la fraise,
Tin, tin,
Ce matin,
Au bruit d'un son argentin.

JULES.

Grand-maman, vous serez bien aise
De manger ce joli butin!

RENÉ.

Je la vois déjà qui nous baise
Et qui nous invite au festin.

ENSEMBLE.

Tin, tin,
Ce matin, etc.

JULES.

Maintenant, ne vous en déplaise,
Grand-Maman, ce petit larcin.

RENÉ.

Il ne faut pas qu'on vous le taise
On l'a fait à votre jardin!

ENSEMBLE.

Tin, tin,
Le matin, etc., etc.

Au revoir, père François! (ils se sauvent).

FRANÇOIS (les montrant d'un air attendri).

Ce pauvre petit Monsieur Jules, tout de même, il n'a pas été longtemps égoïste. M'est avis, qu'il ne faut rien passer aux enfants, même ces petites bêtises, car, voyez-vous, ils vous comprennent à demi-mot.

(Il se remet à bêcher.)

(*La toile se baisse.*)

LE VOYAGE DES PETITS CHINOIS

COMÉDIE EN 3 ACTES

PERSONNAGES

YOU-LING, mandarin, 12 ans.
LIOU-MIA, sœur du mandarin, 10 ans.
LIOU-LI, servante, 9 ans.
TCHAO-LI, 9 ans.
FLEUR DE THÉ, 7 ans.
LO-LO, 4 ans, tous trois enfants de You-ling et neveux de Liou-mia.

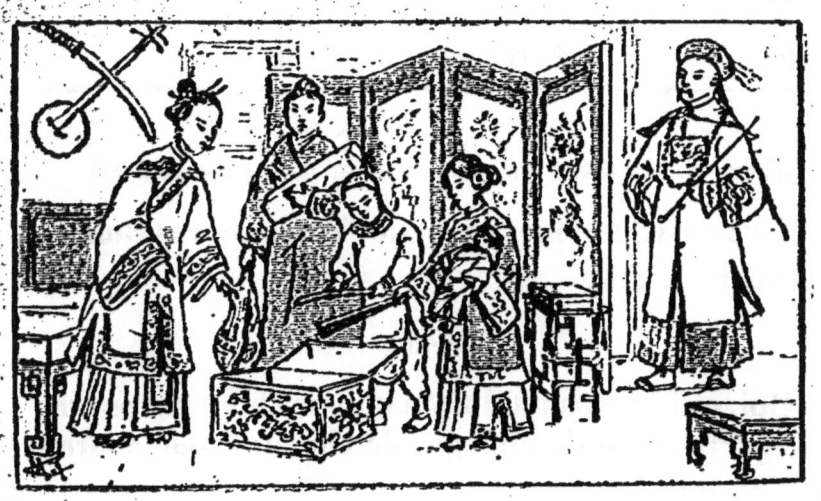

LE VOYAGE DES PETITS CHINOIS

PREMIER ACTE

La scène représente un salon chinois. Un paravent. Des écrans chinois. Tous les objets chinois qu'on pourra y faire figurer, donneront à la scène plus de couleur locale.

SCÈNE PREMIÈRE

LIOU-MIA, FLEUR-DE-THÉ, LO-LO, TCHAO-LI

Liou-Mia (étendue sur un divan, ayant l'air de souffrir).

Oh! là! là! mes enfants, que je souffre!

FLEUR-DE-THÉ (avec une poupée chinoise sur ses genoux).

Qu'avez-vous donc, ma tante? Toujours vos rhumatismes!

LIOU-MIA.

Oui, oh! Je sens qu'il n'y a qu'une chose qui pourra me guérir, c'est de changer de climat. Il me faudrait un voyage.

TCHAO-LI (s'amusant à fermer et à ouvrir un petit parasol chinois).

Eh! bien, ma tante, nous allons bientôt partir pour la campagne cela vous fera du bien.

LO-LO (regardant un album chinois).

La campagne! Mais on s'y ennuie à mourir, n'est-ce pas, ma tante? Je parierais que si nous y allons, vos douleurs augmenteront au lieu de diminuer?

LIOU-MIA.

Tu dis vrai, mon ami! C'est autre chose qu'il me audrait; par exemple, un voyage en France!

FLEUR-DE-THÉ (se levant avec sa poupée sur son bras).

Vous parlez toujours de la France, ma tante. Pourtant vous ne la connaissez pas, vous n'y êtes jamais allée?

Liou-mia (se redressant et s'appuyant le visage dans sa main).

Non, c'est vrai, mais mon père qui avait fait le voyage de Paris pendant une exposition, il y a déjà bien des années, nous en a dit tant de merveilles; (Elle touche la poupée de Fleur-de-Thé.) Ah! il m'avait rapporté une poupée bien autrement jolie que la tienne, va, Fleur-de-Thé! Et, à mon frère, qui est votre père aujourd'hui, mes enfants, un joli cheval de bois, avec une selle, des éperons à la française... Oh! je vois encore tout cela! Que de choses il avait à nous raconter!...

Lo-lo (interrompant sa lecture).

Ma tante, je crois que Liou-li nous oublie. (Regardant du côté de la fenêtre.) Le soleil va se coucher, elle ne pense pas à nous apporter la collation.

Liou-mia (se soulevant difficilement).

Aidez-moi à me relever, mes enfants. C'est singulier, il me semble que rien que de parler de voyage, cela a déjà chassé mes douleurs. Je voulais attendre votre père pour prendre le repas du soir, mais il tarde bien à venir. Ah! voici Liou-li!

SCÈNE II

LES MÊMES, LIOU-LI

(Elle pose de petites tasses, une théière. Une assiette de riz sur le tapis, par terre. Devant chaque convive une assiette avec de petites baguettes de bois noir, et des coussins disposés en cercle pour s'asseoir.)

LIOU-MIA

Liou-li, ton maître n'est pas rentré? Il est tard, pourtant.

LIOU-LI.

Écoutez? Le voici, je crois? J'entends des pas dans le jardin.

SCÈNE III

LES MÊMES, LE MANDARIN

Bonsoir, Liou-mia! Bonsoir, mes enfants! Je me sens en appétit ce soir, et je bénis le ciel qui avait inspiré à mon père le goût des voyages. Chaque fois que je prends mes repas avec vous je ne puis m'empêcher d'y penser. (Il s'assied.)

Liou-li (lui versant du thé dans une tasse).

Assez, seigneur?

Le Mandarin.

Oui, assez!

Lo-lo.

Pourquoi pensez-vous à cela, maintenant, mon père?

Le Mandarin.

Pourquoi, parce que si mon père n'avait pas voyagé, il aurait gardé l'habitude de tous les Chinois, il n'aurait pas mangé avec sa famille, ce qui est un usage des pays d'Europe. Vous savez bien que chez nos amis, nos parents, nos voisins, les hommes mangent seuls et que les femmes ne paraissent jamais, avec eux, à table. Moi, j'ai suivi la tradition de mon père et j'éprouve un bonheur bien doux, chaque soir, à me retrouver à table avec vous, mes enfants, et avec vous, ma sœur, qui remplacez leur mère.

Tchao-li

Votre père vous emmenait quelquefois dans ses voyages, mon père?

Yom-ling

Mais oui, quelquefois. C'était pour moi une grande joie, allez!

FLEUR-DE-THÉ.

Vous devriez faire comme lui et nous emmener, aussi, mon père?

LE MANDARIN.

Ah! nous y voilà!

LIOU-LI (à part).

Voyez-vous ces enfants!

LIOU-MIA.

Fleur-de-Thé a raison, mon frère! D'ailleurs les voyages sont excellents pour la santé.

LE MANDARIN.

Alors, vous voudriez venir aussi, Liou-mia? Je vois cela! Eh bien, je vais vous annoncer une nouvelle qui vous réjouira tous. On prépare en France, à Paris, une grande exposition, et...

LIOU-MIA.

Et?... Achevez donc vite? Vous irez peut-être?... Nous...

LE MANDARIN (appuyant sur les mots).

Nous irons, oui, ma sœur. Vous, les enfants, et même Liou-li, je vous emmènerai tous à Paris.

Liou-li (laissant tomber une tasse qui se brise).

A Paris!

Liou-mia (se retournant.)

Qu'est-ce que c'est!...

Tous (se retournant).

Eh bien, Liou-li, que fais-tu?

Liou-li (ramassant les morceaux de l'assiette).

C'est!... c'est l'émotion d'aller à Paris.

Le Mandarin.

N'es-tu pas contente, ma fille?

Liou-li.

Si! si! mais j'ai peur!

Les Enfants.

Peur! Et de quoi?

Liou-li.

Si les Français allaient nous manger

Tous (riant).

Ah! ah! ah! quelle idée!

LE MANDARIN.

Tu es folle! (Aux enfants.) Voilà ce que c'est que l'ignorance, mes enfants. Allons, va à ton travail, les Français ne te mangeront pas, tu peux être tranquille; il ne t'arrivera rien avec nous et je te promets de te ramener en Chine. (Aux enfants.) Maintenant songez à vos préparatifs de départ. Laissez-moi, j'ai quelques affaires à régler avant de nous mettre en route. Nous partirons dans quinze jours. (Ils se lèvent tous de table).

LES ENFANTS (embrassant leur père.) Merci, merci, papa. (Ils sautent de joie.) Quel bonheur de voir Paris!

LIOU-MIA (se tâtant les jambes).

C'est extraordinaire, je ne sens plus aucune douleur. Moi, si j'étais médecin, je dirais aux malades : Pour les rhumatismes, le remède infaillible, croyez-moi, c'est le voyage! Voilà mon ordonnance!

(*La toile se baisse.*)

FIN DU PREMIER ACTE

DEUXIÈME ACTE

SCÈNE PREMIÈRE

Liou-li (seule, armée d'un plumeau, elle époussète les bibelots d'une étagère, puis elle s'arrête, le plumeau en l'air).

Décidément, je ne puis plus penser à autre chose! Ce voyage de Paris me trotte dans la tête. Par moment, je suis contente de partir; puis, je me sens inquiète. On dit que la France est si différente de la Chine! On n'y mange jamais de nids d'hirondelles, il paraît? C'est pourtant un régal ici! Jamais on ne voit, sur la tête des plus hauts personnages, cette belle queue qui orne celle de nos mandarins... Vraiment, ces Français ignorent ce qui est beau, ce qui est distingué! L'arrivée d'une famille chinoise va faire de l'effet à Paris! (On entend des voix au dehors.) Mais voici mes jeunes maîtres. Je parie qu'ils viennent me chercher pour les aider à préparer leurs malles. C'est tous les jours le même refrain : « Liou-li, cherche-moi mon grand éventail avec des oiseaux! Liou-li, ma robe jaune est-elle prête? Liou-li, n'oublie pas mes deux parasols?... Liou-li! »...

SCÈNE II.

LIOU-LI, FLEUR-DE-THÉ, TCHAO-LI ET LO-LO

FLEUR DE THÉ (appelant).

Liou-li!

LIOU-LI.

Me voilà, mademoiselle!

FLEUR DE THÉ.

Qu'est-ce que tu fais donc; tu parles toute seule, je crois?

LIOU-LI.

Eh! oui, mademoiselle... c'est pour m'exercer à bien parler, pour que les Français me comprennent.

TCHAO-LI.

Oh! tu ne seras pas embarrassée, ni nous non plus, puisqu'on a toujours su le français dans la famille, depuis que notre grand-père a été en France!

FLEUR DE THÉ.

Oui, mais nous avons autre chose à faire que de nous exercer à parler. C'est dans trois jours que nous partons. As-tu préparé tout ce que je t'ai demandé :

ma robe jaune, mon éventail, mes parasols? Et puis ma poupée et tout ce qu'il faut pour l'habiller, car je veux qu'elle soit du voyage.

Lo-lo.

Et moi, Liou-li, tu me donneras ma boîte à papillons. Tous ceux que j'ai collectionnés sont si jolis! Ils pourraient peut-être figurer à l'Exposition? Je le demanderai à papa.

Tchao-li.

Moi, je voudrais emporter mon petit musée, mais ma tante ne veut pas. Elle dit qu'il ne faut pas nous encombrer en partant, parce que, là-bas, nous devons acheter toutes sortes de choses. (Tout en parlant, les enfants seront assis aux trois extrémités de la pièce; Liou-li, pour leur répondre, se tiendra debout, au milieu, se tournant tantôt vers l'un, tantôt vers l'autre, en agitant son plumeau qu'elle aura toujours à la main.)

Liou-li.

Oh! je sais. Maîtresse Liou-mia veut rapporter des costumes, des chapeaux à la mode de France. (On entend appeler dans la coulisse : Liou-li! Liou-li!)

SCÈNE III

LES MÊMES, LIOU-MIA

LIOU-MIA (portant sur le bras un paquet de vêtements, très affairée).

Où es-tu donc, Liou-li, je t'attends depuis une heure. (Regardant les enfants.) Je crois qu'on passe son temps à babiller! J'ai tant à faire que j'en perds la tête; il faut que je pense à ce qu'il faut pour vous, enfants, pour moi, pour votre père, qui ne s'occupe pas de ces détails. Liou-li, tu vas m'aider à plier ces robes pour les mettre dans ma malle. Ces malles françaises sont vraiment très commodes et mon frère a eu une excellente idée de nous les procurer pour le voyage. Du reste, notre capitale Pékin, est dans le progrès; il y a des magasins avec toutes sortes d'articles français. (Elle pose le paquet de robes sur un siège et en prend une à la main.) Tiens, Liou-li, prends le bout de cette robe, là, ne la froisse pas. Vous, mes enfants, vous allez chercher et réunir ici tout ce que vous tenez à emporter; aussitôt que j'aurai fini la malle de votre père et la mienne, nous commencerons la vôtre.

LO-LO.

Ma tante, je cours chercher mes papillons.

FLEUR DE THÉ.

Et moi, ma poupée et son trousseau.

YOU-LI.

Moi, je vais réfléchir, en regardant mon musée; puisque je ne peux pas tout prendre, je choisirai quelque chose qui fasse sensation à Paris.

LIOU-MIA.

C'est bien! Allez vite, enfants. (Ils sortent.)

LIOU-LI.

Voilà les robes pliées, maîtresse; mais je ne vois pas la plus belle, celle que vous mettez les jours de grande cérémonie, vous savez, celle qui a de si jolis dessins, des croissants, des lunes, des oiseaux...

LIOU-MIA.

Non, ce n'est pas la peine, je n'emporte que des robes de voyage. A Paris, nous nous habillerons à la française; moi, du moins, j'en ai une envie folle. Je ne regrette qu'une chose, c'est de ne pouvoir mettre des bottines comme les dames de Paris. (Elle avance le pied.) Avec mon pied chinois, c'est impossible.

LIOU-LI (avec dédain).

Oh! les pieds des Françaises sont hideux, vraiment! Celui de maitresse est une perle, un bijou; il est un des plus réputés de Pékin! Ah! pauvre Liou-li, si j'avais un pied comme celui-là!...

LIOU-MIA.

Eh bien?

LIOU-LI.

Eh bien! maitresse, j'aurais déjà trouvé dix maris!

LIOU-MIA.

Ah! ah! tu crois, ma pauvre fille! (Se penchant vers la fenêtre.) Tiens, voici mon frère qui rentre plus tôt qu'à l'ordinaire...

SCÈNE IV

LES MÊMES, LE MANDARIN, YOU-LING

Ouf! que j'ai chaud! (Il s'assied.)

LIOU-MIA.

Qu'avez-vous?

LE MANDARIN.

Je viens de faire mes adieux à plusieurs de nos mandarins. Il a fallu disputer, batailler.

LIOU-MIA.

Et pourquoi?

LE MANDARIN.

Pourquoi? Au sujet de la France! Ces gens-là seront toujours arriérés, entre nous? Figurez-vous qu'ils me blâment de conduire mes enfants à Paris... Ils disent que je vais leur enlever l'esprit de la Chine. (A Liou-li.) Eh bien, Liou-li, pourquoi restes-tu ainsi bouche béante devant moi? Va me chercher une tasse de thé. Je meurs de soif. Ces assommants personnages m'ont desséché le gosier. Où sont les enfants, Liou-mia? (Liou-li sort.)

SCÈNE V

LES MÊMES, LO-LO, FLEUR-DE-THÉ, YOU-LI (chacun porte son paquet).

LOLO (avec sa boîte de papillons).

Voilà! voilà! pour mettre dans les bagages.

LE MANDARIN.

Bien, mes enfants. Je vois que chacun travaille à ses préparatifs. Et moi aussi, il faut que je songe à quelque chose.

LIOU-MIA.

A quoi donc?

LE MANDARIN.

A emporter une grande provision de thé. On m'en a demandé pour *Terminus-hôtel*, ce bel hôtel où j'ai écrit pour retenir nos chambres. Je vais donner des ordres pour qu'on prépare les caisses. Je vous laisse. Hâtez-vous, ma sœur, et n'oubliez rien.

LIOU-MIA.

Attendez votre tasse de thé. Cette Liou-li est d'une lenteur!...

LIOU-LI (revient avec une tasse de thé).

Voilà, Seigneur.

YOU-LING (il boit et remet la tasse à la servante, puis levant un doigt, il se dirige vers la porte).

Dans trois jours le départ, ne l'oubliez pas?

(*La toile se baisse.*)

FIN DU DEUXIÈME ACTE.

TROISIÈME ACTE

La scène représentera une chambre encombrée de paquets, de valises, de caisses à chapeaux. Chaque personnage arrivera avec un long manteau de couleur sombre sur ses vêtements.

SCÈNE PREMIÈRE

FLEUR-DE-THÉ, LO-LO

FLEUR-DE-THÉ (déposant, sur une table, une petite cage contenant des oiseaux, qu'elle tiendra à la main).

Attends, Lo-lo, ton manteau ne tient pas, laisse-moi te le rattacher. Qui est-ce qui te l'a mis de cette façon?

LO-LO.

C'est Liou-li. Mais elle était pressée, pressée, elle courait partout. On l'appelait en haut de l'escalier, on l'appelait en bas... Tu es prête, toi, dis?

FLEUR-DE-THÉ.

Oui, oui, tout à fait prête, mes oiseaux aussi, tu vois! Papa a recommandé, à ceux qui seraient habillés les premiers, de venir ici. J'ai obéi, et nous nous retrouvons ensemble. Je croyais que Tchao-li serait là avant toi et avant moi?

LO-LO.

Oh! il était habillé, mais je l'ai vu qui s'est arrêté devant la chambre de ma tante pour l'aider à ficeler un gros paquet. Ah! le voilà!

SCÈNE II

LES MÊMES, TCHAO-LI

TCHAO-LI (secouant sa main).

Oh! la! la! oh! la! la!

FLEUR-DE-THÉ.

Qu'as-tu donc? Tu t'est fait mal?

TCHAO-LI.

Eh oui! C'est en attachant le paquet de ma tante, cette maudite ficelle m'a presque scié le doigt...

FLEUR-DE-THÉ (lui prenant le doigt).

Attends, j'ai là un peu de papier gommé que je vais coller sur l'écorchure. (Elle cherche dans un sac de voyage et en tire un morceau de papier, dont elle déchire un petit bout qu'elle colle sur le doigt de son frère.) Tiens, vois-tu? Je suis sûre que cela te fait moins mal?

TCHAO-LI.

C'est vrai, je ne sens plus rien.

LO-LO (avec impatience).

Mais papa et ma tante n'arriveront donc jamais? Le train partira sans nous, tout à l'heure.

FLEUR-DE-THÉ (allant à la fenêtre).

Voici les tombereaux qui sont à la porte pour prendre les bagages.

SCÈNE III

LES MÊMES, LIOU-MIA, LE MANDARIN, LIOU-LI

Le Mandarin et Liou-mia arriveront par un côté et Liou-li par l'autre.

LE MANDARIN (dans la coulisse):

Dépêchez-vous donc, ma sœur. Liou-li! Liou-li!

Liou-li (elle accourt, les bras chargés de paquets, d'ombrelles chinoises, etc., etc).

Voilà! voilà! Seigneur!

Le Mandarin.

Mon Dieu! comme tu es chargée! Qu'est-ce que c'est encore que tous ces paquets-là?

Liou-mia.

Laissez donc, mon frère. Les hommes n'entendent rien à ces choses. Ce sont nos boîtes de parfumerie. (Elle fait signe à Liou-li qui sort.)

Le Mandarin.

Allons décidément, en voyage, partout, les femmes restent coquettes.

Liou-mia (minaudant).

Ne faut-il pas faire honneur à Paris, mon frère?

Le Mandarin.

Honneur à Paris! Hum! Drôle d'honneur, ma foi! Enfin, ne perdons pas notre temps. Bon! Où est encore cette fille?...

FLEUR-DE-THÉ (regardant par la fenêtre).

Elle porte les paquets aux hommes qui installent les bagages sur les tombereaux.

LE MANDARIN.

Il faut qu'elle nous prévienne aussitôt que nos palanquins seront là et nous y monterons sans tarder. Nous sommes loin de la gare ici. (A Liou-li qui revient.) Vite, ma fille, emporte tout ce qui reste ici et vois un peu si les palanquins arrivent?...

LES ENFANTS.

Nous allons l'aider, papa! (Ils prennent chacun un objet et suivent Liou-li.)

LE MANDARIN.

Reste ici, Lo-lo, tu ne fais que gêner les autres. Viens! (Il le prend sur ses genoux, pendant que Liou-mia examine la cage des oiseaux.) Es-tu content, dis-moi, d'aller à Paris, petit Lo-lo?

LO-LO.

Oh! oui, papa! Je verrai beaucoup de choses qui m'amuseront, et Liou-li m'a dit que j'en reviendrais presque aussi grand que vous et aussi savant!

LE MANDARIN (riant).

Ah! ah! Elle t'a dit cela... Si tu es sage tous le temps du voyage, je crois qu'il y aura du vrai dans la prédiction de Liou-li.

LIOU-LI (accourant).

Seigneur, les palanquins sont là!

LE MANDARIN.

Alors ma sœur, mes enfants, en route!

FLEUR-DE-THÉ.

Mes oiseaux! mes oiseaux! J'allais les oublier. Elle prend la cage, qu'elle tient à la main. Chacun se groupe autour du Mandarin, avec une ombrelle, un éventail et une petite caisse à la main.)

LIOU-LI (sur le côté de la scène).

Seigneur, vous me l'avez promis, je reverrai la Chine, et les Français ne me feront pas de mal, n'est-ce pas?

LE MANDARIN.

Je te l'ai promis, foi de mandarin! Maintenant, saluons la Chine, mes enfants, disons-lui au revoir! Nous tâcherons de la représenter dignement à Paris, et nous rapporterons, sûrement, à notre pays, de beaux et précieux souvenirs de France.

LIOU-MIA.

Pour moi, j'espère bien y laisser mes rhumatismes !

TCHAO-LI

Ma foi, ma tante, je commence à croire à votre ordonnance : les voyages doivent entretenir la santé et la bonne humeur.

FLEUR DE THÉ (tendrement, baisant la main de son père).

Oui, mais ce doit être vrai, surtout, quand on peut partir avec tous ceux qu'on aime !

(Ils saluent.)

(*La toile se baisse.*)

FIN DU TROISIÈME ET DERNIER ACTE

TABLE DES MATIÈRES

	Pages
PRÉFACE	VII
LES SURPRISES DE NOEL	
Comédie en 2 actes (7 personnages)...............	1
LE PETIT FERMIER	
Comédie en 2 actes (7 personnages)...............	31
LE PRÉSENT DU PAUVRE	
Comédie en 2 actes (5 personnages)	41
LE PETIT MOUSSE BRETON	
Comédie en 3 actes (4 personnages)...............	61
LA VEILLE DE SAINT-NICOLAS	
Comédie en 1 acte (4 personnages)...............	81
LES PETITS MÉTIERS DES RUES	
Comédie en 3 actes (7 personnages)...............	93
LA CIGALE ET LA FOURMI	
Saynète en 1 acte (2 personnages)................	115
UN VOYAGE AU TYROL	
Comédie en 2 actes (5 personnages)...............	121
VIEILLE ET JEUNE ANNÉE	
Saynète en 1 acte (5 personnages)................	143
LES PETITS PEUREUX	
Comédie en 1 acte (3 personnages)...............	155
LES PETITS SAVOYARDS	
Comédie en 3 actes (6 personnages)...............	165

PAGE ET BOUQUETIÈRE
   Comédie en 3 actes (5 personnages).............. 181
MONSIEUR L'HIVER
   Saynète en 1 acte (5 personnages).............. 211
L'ENFANT PRODIGUE
   Comédie en 3 actes (9 personnages).............. 219
LE PLUS BEAU PAYS
   Comédie en 1 acte (6 personnages).............. 253
BLANC ET NOIR
   Comédie en 1 acte (6 personnages).............. 263
OMBRELLE ET PARAPLUIE
   Comédie en 1 acte (3 personnages).............. 275
DANS LES PYRÉNÉES
   Comédie en 1 acte (9 personnages).............. 285
LA CORBEILLE DE FRAISES
   Comédie en 1 actes (3 personnages).............. 307
VOYAGE DES PETITS CHINOIS
   Comédie en 3 actes (6 personnages).............. 323

Nota. — Dans presque toutes les pièces ci-dessus, et en dehors des personnages annoncés, on pourra faire venir sur la scène autant de figurants qu'on le désirera.

SOMMAIRE DU PREMIER VOLUME

Préface. — *Le vieux maître d'école alsacien*, comédie en 2 actes (9 personnages). — *Le petit magicien*, saynète en 1 acte (6 personnages). — *Tous musiciens*, comédie en 3 actes (7 personnages). — *Les petites fileuses bretonnes*, comédie en 2 actes (7 personnages). — *Le marchand de moulins à vent*, saynète en 1 acte (5 personnages). — *Sous les vieux uniformes*, comédie en 2 actes (7 personnages). — *La poupée malade*, saynète en 1 acte (4 personnages). — *Au coin du feu*, comédie en 3 actes (5 personnages). — *Rossignol et Fauvette*, saynette en 1 acte (4 personnages). — *Dans la forêt*, comédie en 3 actes (7 personnages). — *La Kermesse*, saynète en 1 acte (2 personnages). — *Chez M. Figaro*, comédie en 1 acte (9 personnages). — *Les petits Pêcheurs napolitains*, comédie en 2 actes (4 personnages). — *Une récompense*, comédie en 3 actes (9 personnages). — *La Légende de l'arbre de Noël*, comédie en 3 actes (4 personnages). — *Papa, Maman*, saynète en 1 acte (2 personnages). — *Un bon petit Cœur*, comédie en 1 acte (2 personnages). — *Le petit Pâtissier*, comédie en 2 actes (6 personnages). — *Les Saisons*, saynète en 1 acte (4 personnages). — *Autrefois, Aujourd'hui*, saynète en 1 acte (2 personnages). — *Le nid tombé*, comédie en 2 actes (3 personnages). — *La Lanterne magique*, saynète en 1 acte (5 personnages). — *Le Roi de la Fève*, comédie en 3 actes (6 personnages). — *Une École de poupée*, saynète en 1 acte (2 personnages). — *La petite Cantinière*, comédie en 2 actes (5 personnages).

Soc. anon. de l'Imprimerie Kugelmann, G. Balitout, directeur
12, rue de la Grange-Batelière, Paris.

www.ingramcontent.com/pod-product-compliance
Lightning Source LLC
Chambersburg PA
CBHW070847170426
43202CB00012B/1977